U0330052

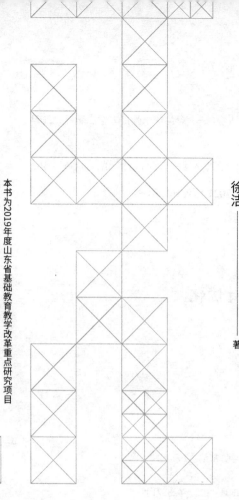

大夏书系·教师专业发展

基于大概念的教学设计优化

徐洁 著

本书为2019年度山东省基础教育教学改革重点研究项目『基于大概念的教学设计优化研究』（课题编号：3709039）阶段性研究成果

华东师范大学出版社
ECNUP
全国百佳图书出版单位
·上海·

图书在版编目（CIP）数据

基于大概念的教学设计优化/徐洁著.—上海：华东师范大学出版社，2021
ISBN 978-7-5760-2094-6

Ⅰ.①基… Ⅱ.①徐… Ⅲ.①中学语文课—教学设计 Ⅳ.① G633.302

中国版本图书馆 CIP 数据核字（2021）第 168291 号

大夏书系·教师专业发展

基于大概念的教学设计优化

著　　者	徐　洁
责任编辑	卢风保
责任校对	杨　坤
封面设计	奇文云海·设计顾问

出版发行　华东师范大学出版社
社　　址　上海市中山北路 3663 号　邮编　200062
网　　址　www.ecnupress.com.cn
电　　话　021-60821666　行政传真　021-62572105
客服电话　021-62865537
邮购电话　021-62869887　地址　上海市中山北路 3663 号华东师范大学校内先锋路口
网　　店　http://hdsdcbs.tmall.com

印　刷　者　北京密兴印刷有限公司
开　　本　700×1000　16 开
插　　页　1
印　　张　15
字　　数　223 千字
版　　次　2021 年 11 月第一版
印　　次　2023 年 10 月第十二次
印　　数　58 101-62 100
书　　号　ISBN 978-7-5760-2094-6
定　　价　58.00 元

出版人　王　焰

（如发现本版图书有印订质量问题，请寄回本社市场部调换或电话 021-62865537 联系）

目 录

序

理论与实践的融合

　　读徐洁老师的书稿，回想她的工作经历与工作风格，我认为徐老师对教育工作所做的贡献在于：架起了教育理论与教育实践的桥梁，促进了理论与实践的融合与贯通。

一、从教育理论精华中汲取营养，引领教育实践

　　教育理论的重要意义在于引领教育实践的深入研究与探索。《论衡》中云："涉浅水者见虾，其颇深者察鱼鳖，其尤甚者观蛟龙。"优质的教育理论可以给予我们潜入海底一睹蛟龙大观的水平与实力。

　　本书积极响应教育部的有关精神，萃取国内外优秀教育成果精魂，以大概念、大单元视角观照教学设计，探寻指向学生核心素养的深度学习的可能路径。

　　从作者的论述中可以看出，她并没有刻意地追逐时髦，而是采取了不趋时、不媚俗的态度，秉持着本真的性情，坚持以深入的勘察和沉静的思考对教学设计的发展进行反省与追问。

　　作者选取了对基础教育课堂教学改革颇具价值、极具操作性的理论成

果进行解读、分析，以深入浅出的语言，辅之以鲜活生动的案例，促进教育理论在教育实践中的转化与应用，尝试用先进的教育理论照亮教育实践前行的道路。

二、在教育实践宝藏中提炼成果，丰富教育理论

《中庸》开篇曰："天命之谓性，率性之谓道，修道之谓教。"教育不仅是一项充满奥秘与艰险的实践活动，还是一门永远追求不尽的艺术。

教育实践是一座宝藏，蕴含着无穷的教育智慧，需要睿智的心灵和持久的毅力去开掘与提炼。

作者凝聚30余载教育教学经历之精华，在所主持的2019年度山东省基础教育教学改革重点研究项目"基于大概念的教学设计优化研究"阶段性研究成果的基础上，以"田野研究"的一贯作风，立足本土，深入学校与一线教育工作者共同切磋琢磨。

这种扎实的行动研究的路线值得赞赏，这使得作者始终以"局内人"的身份，以教育专业人的眼光研究教育教学。这种脚踏实地的做法既有利于教育之道的转换、解读与传播，又有利于揭示教育实践背后的教育意义、价值和规律。这一方面帮助一线教育工作者对实践现象持有理性反省的意识，不断校准前进的方向；另一方面丰富了教育理论研究成果，使我们对理论研究始终保持实践检视的自觉。

三、促进教育理论与实践相融合，探寻教育科学

教育具有理论性和实践性的双重属性，因此，教育智慧具有反省性和具身化两大特点。教育理论与教育实践相互依赖，相辅相成。只有把理论研究和实践验证结合起来，才会带来丰实的、有光辉的课程与课堂变革成果。

我校建校70多年来，实施"质量立校、人才强校、特色兴校、文化铸校"的发展战略，坚持"师范性、地方性、应用型"的办学定位，形成了

"教师教育职前培养、职后培训一体化"的办学特色。

    作者的研究方法与技术路线充分地体现了我校的办学定位与特色，其研究成果不仅为推动基础教育健康发展呈现了一种值得借鉴的典范样例，适合基础教育工作者使用，同时也为师范类院校、科研机构等的研究人员提供了参考资料，具有一定的现实意义和推广价值。

    教育更是一门科学，优质的教育质量依赖于走科学的研究与实践之路。《论语·子罕》有云："知者不惑，仁者不忧，勇者不惧。"我们愿意携手广大教育同仁，结合时代要求，根据教育发展需要，坚持不懈地追求教育教学"不惑、不忧亦不惧"的美好境界。

    虽不能至，心向往之。

林松柏

齐鲁师范学院校长

博士生导师、教授

教育部师范专业认证学术委员会委员

大概念：课程创新与教学变革的着力点

信息时代的到来，使很多国家重视人才培养的目标与方向，纷纷制定了自己国家的核心素养或关键能力框架。我国基础教育课程改革从"双基"走向"三维目标"，进而向"核心素养"转型。核心素养的重要内容是学生能够在真实的情境中创造性地解决问题，让学生学会用专家思维分析与处理问题成为课程创新与教学变革的诉求。因为大概念可以界定为反映专家思维方式的概念、观念或论题，世界范围内的一些教育学者不约而同地把目光投向了大概念。

一、大概念在课程教学变革中的价值

大概念是指学科领域中最精华、最有价值的核心内容，会成为学生解决问题的基本策略与方法。有限的课时与不断增多的知识之间存在着矛盾，应对的方法就是以最核心、最有价值的大概念为统帅，摈弃细枝末节繁琐而细碎的知识学习，抓住重点与重心，使课程内容结构化。大概念揭示事实性知识背后的规律，是知识的附着点，从而使碎片化知识发生有机联系。不能有机联系的知识缺乏生长力，能有机联系的知识不仅便于记忆，更利于在旧知基础上学习新知，当学生遇到新情境与新问题时可以迁移应用，指向学生的学科核心素养培育。大概念教学可以实现教师教的少而学生学的多，是走向"轻负担高质量"的门径。学科大概念的建构，依赖于学生对学习内容的充分理解、探究与运用，在掌握大概念的过程中，学生能够深入到学科本质，认识学科自身的魅力，从而达成培育学科核心素养的目的。大概念将对基础教育课程教学变革产生深远影响，意义非凡。

二、大概念在课程与教材中的重要地位

2018 年 1 月，《普通高中课程方案》（2017 年版）及高中各学科课程标准由人民教育出版社正式出版发行。学科核心素养成为研究者与一线教师关注的焦点。那么，学科核心素养如何落地？课程方案中的一句话揭示了问题的答案："进一步精选了学科内容，重视以学科大概念为核心，使课程内容结构化，以主题为引领，使课程内容情境化，促进学科核心素养的落实。"这奠定了大概念在课程教学中的地位。如果说学科核心素养是教学变革与课程创新的引擎，那么，大概念就是教学变革与课程创新的着力点。新版教材的编写者已把大概念思想渗透在教材之中，生物、物理学科尤其明显。义务教育部编版语文教材围绕"人文主题"和"语文要素"双线组织单元，加强了不同年段、不同册次之间的纵向联系和单元内部的横向联系，核心知识呈现出由易到难、由浅到深的进阶式学习形态，体现了基于大概念的教学思路。

三、大概念促进课程教学变革的基本路径

基础教育重要而紧迫的任务就是把国家政策方针、课程标准、教材中体现的先进思想又好又快地落实到实践中，使之转化为师本化、生本化的课程。从当前基础教育课程教学变革的热点与趋势看，大概念可从如下方面发挥作用：一是课程一体化建设。一体化强调学校课程的连续性和学科之间的关联性，贯通不同学段、不同学科，其内在逻辑规律就是大概念。

二是大单元整体教学。教学难点在于找准单元整合的依据与标准，用大概念统摄与组织教学内容，使离散的事实、技能相互联系并有一定意义。大概念就是科学、合理进行课程整合的基点。三是基于理解的教学设计或逆向教学设计或教学评一体化。基于大概念的教学，具有明晰的学习目标、精准的核心问题、有效的表现性任务、科学的评价手段，这有利于学生自主、合作、探究式学习，形成学习成果。四是促进学生深度学习。深度学习是希望学生达到的一种学习效果。基于大概念的学习，是有组织的结构化学习，是能有效迁移的学习，是学以致用的学习，这都是深度学习的应有之义。例如，数学课程中的"函数"大概念，在小学的教材中并不提及，却在正比例、反比例等知识中有所隐含。如果教师能从大概念视角出发，渗透函数思想进行教学，那么，学生进入初中真正学习函数时，便不会感到突兀和难度太大。"函数"这个大概念统帅了中小学数学学习的诸多内容，如果一以贯之地在教学中有序呈现，让学生经历从低阶思维迈向高阶思维的螺旋上升学习过程，会取得优质学习效果。

第一章
从知识学习到素养发展：大概念的教育意蕴

　　随着 2018 年 1 月《普通高中课程方案》（2017 年版）与各学科课程标准的公布，对大概念的认识以及大概念在课程与教学改革中的应用逐渐得到了重视，有些相关研究逐步开展起来。然而，大概念的内涵、价值、应用在国内尚未得到深入研究，教师欠缺大概念教学意识，对大概念的内涵没有清晰了解，不能确切地感知大概念对改进课程、教学的价值与意义，更不清楚如何利用大概念去改进教学、建设课程，基于大概念落实学科核心素养的现实经验匮乏。

　　诺贝尔物理学奖获得者、美国科学家费曼（Feynman，1918—1988）在回忆他父亲对他的培养时，曾经说到这样一个故事：

　　有一次一个孩子问费曼："看见那只鸟了吗？你知道它是什么鸟吗？"

　　费曼回答："我一点都不知道。"

　　他说："那是一只褐色的、会发喉音的画眉，你父亲什么也没教你吗？"

　　费曼说："完全不是这样，父亲教了我很多。"

　　（注意：费曼的父亲教了他什么？是如何教他的？）

　　父亲："看那只鸟！它的名字叫斯宾赛鸣鸟。"（我知道父亲其实并不知道这只鸟的正确名字）

　　父亲："在意大利它叫×××，在中国它叫×××，在日本它叫×××，你可以知道用世界上不同的语言如何称呼这种鸟。但是，学完了这些，你实际上根本不了解这种鸟，你只知道世界上居住在不同地方的人对这种鸟有不同的称呼。所以，让我们来仔细观察这只鸟，看看它在做什么。（观察事物）那是我们应该考虑的。"（我很小就知道知道某个物体的名字和知道某个物体之间的差别）

父亲："比如说，看吧，这只鸟不停地在啄它的羽毛，它是不是一边走，一边在啄它的羽毛？"（观察什么与怎样观察）

费曼："是！"

父亲："鸟为什么要啄它们的羽毛？"（提出问题）

费曼："可能是它们飞行时把羽毛弄乱了，它们啄羽毛，希望把羽毛理顺。"（做出假设）

父亲："好吧，如果是这样，那么它们只需要在飞行之后啄一会儿，当它们落地一段时间以后，就不应该再啄它们的羽毛了。（根据假设进行推理）你知道我问你这个问题的目的吗？"（引导深层次思维）

父亲："让我们仔细观察一下，它们是在刚刚落下时啄得最多吗？实际上要看清楚这一点，并不困难，比较一下那些刚刚落下的鸟和已经在地上走来走去的鸟，它们在啄羽毛上看不出差别。"（通过观察检验假设）

费曼："我放弃我的想法，那些鸟啄它们的羽毛，并不是为了整理羽毛。"（得出结论）

父亲："因为有虱子在咬它，虱子在吃羽毛上沾着的蛋白的屑屑。虱子的腿上常常有一些柔软的物质，更小的生物会吃它们。这些小生物不能完全消化这些物质，就会排泄一些和糖类似的物质，细菌就会在其中生长。"（做出解释）

父亲："你要知道，哪里有食物存在，就一定会存在以它为食物而生存的有生命的生物。"（核心概念）

费曼："我现在知道，在那些鸟的脚上存在的并不一定是虱子，在虱子的腿上也不一定有更小的生物，父亲告诉我的，也许在细节上并不准确，但是他却教给我根本上正确的东西。"

美国科学院艾伯特院长引用了这段故事以后写道，我们每个人不可能都像费曼那般幸运拥有一个精通教育之道的父亲，培养我们孩子的责任，就应该落在学校的身上。

费曼的父亲要他围绕着观察的内容建立一个核心概念——哪里有食物存在，就一定会存在以它为食物而生存的有生命的生物。

有些科学教科书上要求学生观察的内容常常没有明确的目的，似乎越细越好。要观察植物，大多是估计树有多高、多粗、什么形状，观察叶子的颜色、形状、大小等。要观察纸，就要求学生比较纸的厚薄、颜色、吸水性，再拉一拉，看结实不结实。各人看各人的，越细越好，看完了，各人有各人的标准和感受。天底下不同种类的树和树叶多的是，纸也各式各样、千奇百怪，我们课堂上能看到的只是"沧海一粟"。这样的观察结束以后，学生记住了有不同的叶子，有不同的纸，还有什么？[①]

这个案例带给我们的启示是什么呢？

在 2016 年 3 月科学普及出版社出版的《以大概念理念进行科学教育》的中文版序（周光召作）里，有这样一段话："科学教育不应该传授给孩子支离破碎、脱离生活的抽象理论和事实，而是应当慎重选择一些重要的科学观念，用恰当、生动的方法，帮助孩子们建立一个完整的对世界的理解。"

一、大概念的内涵与不同表达视角

（一）大概念的内涵

大概念，英文为 big idea（big ideas），也有学者将其译为大观念。大约 100 年前，怀特海曾讨论过"大概念"：让教育儿童的思想少而重要，并尽可能地结合在一起。在 1902 年，杜威谈到，教师们将学科知识"心理化"，从而产生大概念，摆脱传统的往往会限制学生思考自身学习方式的事实

[①] 引自《科学》（Science）杂志主编艾伯特（Alberts）博士写的一篇有关小学科学教育的文章。有改动。

和思想。

布鲁纳强调，无论教师教授哪类学科，一定要使学生理解该学科的基本结构，这有助于学生解决课堂内外所遇到的各类问题。掌握事物的基本结构，就是以允许许多别的东西与它有意义地联系起来的方式去理解它，学习这种基本结构就是学习事物之间是怎样相互关联起来的。若能掌握学科的基本概念结构，有助于学生对学科知识的记忆保留，并促进学习的迁移。

爱德华·克拉克（Edward Clark）认为观念（concept）是理解和联结小观念的大概念，并将观念与大概念等同起来，认为它们提供了构建自身理解的认知框架或结构。

温和威金斯（Wynn & Wiggins）认为，能称为大概念的都是"因为它们能够强有力地解释现象，提供了对科学的综合考察"，我们要关注少数重要概念并使用它们架构教学与评估。

1998 年出版的 *Understanding by Design*（《追求理解的教学设计》）一书的作者格兰特·威金斯（Grant Wiggins）和杰伊·麦克泰格（Jay McTighe）认为，大概念是学科的"核心"，它们需要被揭示，因此我们必须深入探究，直到抓住这个核心。抓不住关键思想以及不能将大概念与相关的知识"联系起来"，留给我们的就只是一些零碎的、无用的知识，不能起到任何作用。

林恩·埃里克森（Lynn Erickson，2001）对大概念提出了操作性定义：大概念是广泛的、抽象的，用一个或两个词汇来表征，在应用中是通用的，从古至今永恒的，可以用有着共同属性的不同例子来呈现。

英国科学教育学者温·哈伦（Wynne Harlen）在《科学教育的原则与大概念》中指出，能够用于解释和预测较大范围自然界现象的概念被定义为大概念，她认为 K–12 年级的学生应该掌握基本的科学概念以及与科学有关的概念。她指出："大概念是指可以适用于一定范围内物体和现象的概念；与此相对应，我们将只运用于特定观察和实验的概念称为小概念。例如，蚯蚓能很好地适应在泥土中的生活，这是小概念；生物体需要经过很长时期的进化形成在特定条件下的功能，是与它相对应的大概念。"

（二）大概念的不同表达视角

从外延上看，大概念适用于一切学科知识，不同领域也会有不同的大概念。而大概念的建构，以其视角不同，可涵盖哲学观念、跨学科概念与核心概念。哲学观念是对世界本原的认知，跨学科概念强调跨学科内容的组织，核心概念则侧重于学科内的知识。下面具体分析大概念包含的三种概念：

一是哲学观念，是从哲学视角而言的，是指对人与世界的关系的根本看法、根本态度和根本主张。

一、唯物论

1.物质决定意识。一切从实际出发，实事求是。

2.意识对物质具有能动作用。

3.规律是客观的，是不以人的意志为转移的。

4.在客观规律面前，人并不是无能为力的。

二、认识论

1.实践是认识的基础。

2.实践是人们改造客观世界的物质性活动。

3.真理是客观的，真理是具体的有条件的。

4.追求真理是一个过程，具有反复性和无限性。

三、辩证法

联系的观点：

1.世界是普遍联系的。

2.联系具有客观性。

3.事物间联系是多种多样的。

4.整体由部分组成，离开了部分，整体就不复存在；部分是整体中的部分，离开了整体，部分就不成其为部分。

5.要掌握系统优化的方法，要着眼于事物的整体性。系统优化的方法要求我们用综合的思维方式来认识事物。

发展的观点：

1. 发展的普遍性原理认为，世界上任何事物都是变化发展的。

2. 事物发展的方向是前进的、上升的，道路是曲折的、迂回的。

3. 事物发展总是从量变开始的，没有量变就没有质变；质变是量变的必然结果，量变只有达到一定程度才能引起质变。

矛盾的观点：

1. 世界上的一切事物都包含着两个方面，这两个方面既相互对立又相互统一。矛盾双方相互依赖、相互贯通，在一定条件下可以相互转化。

2. 矛盾具有普遍性。

3. 矛盾具有特殊性。

4. 矛盾的普遍性与特殊性是辩证统一的关系。

5. 主要矛盾在事物发展过程中处于支配地位，对事物发展起决定作用。主次矛盾相互依存、相互依赖，在一定条件下可以相互转化。

6. 辩证的否定，是事物自身的否定，是自己发展自己。

四、历史唯物主义观点

1. 社会存在决定社会意识。社会意识具有能动作用。

2. 人民群众是历史的创造者。

3. 生产关系一定要适应生产力。

4. 人的价值在于创造价值。

二是跨学科概念，又叫共通概念、通用概念，超越学科界限，成为各学科相互联系的纽带与桥梁，体现了科学概念的相通性和交融性。"跨学科概念遍及科学的所有领域，跨学科概念为学生提供了一个组织框架，学生可将各学科内容整合起来，科学地看待这个世界。"[1]

跨学科是混合多个学科解决问题的过程，是对各个学科的整合而不是"拼盘"，通过跨学科概念的学习，可以解决单一学科难以应对的复杂问题，了解学科之间的联系，促进学科概念的理解。跨学科概念可以覆盖各个学科，具有一定的通用性。2011 年美国发布的《K-12 科学教育框架：实践、

---

[1]廖婷婷.跨学科概念融入初中科学教育的初步研究［D］.南京：南京师范大学，2015.

跨学科概念和核心概念》列出了七项共通概念：模式；原因和结果（机制和解释）；尺度、比例和数量；系统和系统模型；能量和物质（流动、循环和守恒）；结构和功能；稳定和变化。这些不是某个具体学科的知识概念，而是在各学科中都需要用到的思想。这些概念也影响着学生对概念重难点的学习进程。

跨学科概念起初应用于理科类课程，也可以迁移到其他学科。跨学科学习可以帮助学生有针对性地解决现实中的真实问题，引导学生进入到高阶思维领域。

三是核心概念。"核心概念是一种教师希望学生记忆、理解并在忘记其非本质信息或周边信息之后，仍能应用的陈述性知识。例如，所有的降水都是由于气温降低造成的。"①

核心概念是从学科视角而言的，是居于学科中心位置的概念，源于对学科知识中心内容的概括与梳理，是学科的核心内容，能体现学科的逻辑结构。大概念对应的是小概念，小概念是指学科内部的基本知识与基本技能。2018年1月中华人民共和国教育部颁发的普通高中各学科课程标准指出："进一步精选了学科内容，重视以学科大概念为核心，使课程内容结构化，以主题为引领，使课程内容情境化，促进学科核心素养的落实。"这意味着以大概念为统帅的教学受到了极大重视。大概念研究已从讨论中观的课程问题走向了更为聚焦的教学层面，渗透在教学法、课程内容与评测三个维度。伴随着课程改革的不断推进，大概念教育理念受到教育界广泛关注。然而，基于大概念的教学研究体系化与深入化方面依然存在诸多盲点，现实教学中困境重重。

二、大概念的特征及与其他知识的关系

大概念与其他学科概念（或可称为小概念）、学科知识，既有区别，又有联系。

---

① 普莱斯顿·D·费德恩，等.教学方法——应用认知科学，促进学生学习［M］.王锦，等，译.上海：华东师范大学出版社，2006.

（一）大概念的基本特征

如下归纳的四点，摘自《国外围绕大概念进行课程设计模式探析及其启示》[①]一文，会给我们很多启发。

1. 中心性（centrality，C）

并不是学科中所有的概念都能称为大概念，大概念不是基础概念，而是聚合概念。大概念就如同一个文件夹，提供了归档无限小概念的有序结构或合理框架。有限的大概念之间相互联结，共同构成了学科的连贯整体，使学科不再被视为一套断断续续的概念、原则、事实和方法。大概念居于学科的中心位置，大概念群集中体现学科结构和学科本质。大概念虽然只是相对的概念，可以是某一学科的大概念，也可以是某一单元的大概念，但仍然起着提纲挈领的重要作用。

2. 可持久性（enduring，E）

大概念源自对学科的深入理解，有的教师会在教学中思考，通过这门学科希望学生学到什么，在忘记了那些事实性的知识之后还剩下什么，这里的"什么"其实就是这门学科中的大概念。大概念不是暂时保存的记忆，它具有可持久性，是经验和事实消失之后还存留的核心概念。大概念能用于解释学生在学校学习中和毕业以后的生活中遇到的物体、事件和现象，贯穿学生的一生。

3. 网络状（network，N）

大概念并不是无序游离在学科结构中，而是呈现出网络状结构。这种网络状结构包括了学科内网络结构和学科间网络结构（也可称为跨学科网络结构），每一个大概念则是完成网络结构间通信的基站。学科内大概念网

[①] 李刚，吕立杰. 国外围绕大概念进行课程设计模式探析及其启示［J］. 比较教育研究，2018（9）：35—43.

将某一学科进行纵向联结，不同学段以大概念为中心进行课程内容的选取和组织，这是课程设计的关键线索。学科间大概念网将某些学科进行横向联结，跨越两个或者更多个知识领域，不同学科之间基于某一个共同的大概念进行合理对接，有效地模糊了学科之间的边界。

4. 可迁移性（transferable，T）

在布鲁纳看来，迁移是教育过程的核心，应该使用基本的和一般的观念不断扩大与加深认识。从本质上说，这种迁移一开始不是学习一种技能，而是学习一个一般观念。这个一般观念是认识后继问题的基础，这些后继问题是开始所掌握的观念的特例。林恩·埃里克森指出，大概念有极大的迁移价值，随着时间的推移能被应用于许多其他纵向的学科内情境和横向的学科间情境，以及学校以外的新情境。

在国外，有学者建构了基于大概念的金字塔模式、系统网模式、线性链模式等。金字塔模式从大概念出发，明确了大概念与其他各级概念之间的层叠关系；系统网模式从学习任务出发，在与大概念的交互过程中，构建了围绕大概念的任务体系；线性链模式从大概念出发，按照逻辑脉络步步推演，最终建立起基于大概念的课程设计体系。这三种模式为我国围绕大概念进行课程设计提供了重要启示，主要体现在：一是重视观念培养，创设思维情境；二是重视问题引领，激发探究兴趣；三是重视持续影响，提供迁移机会。

（二）大概念与其他知识的关系

1. 大概念与其他知识的区别

从位置上看，大概念处于学科知识的中心，而其他概念与知识处于学科知识的次要位置，不是所有概念都能被称为大概念。目前，学界对大概念已在一些根本方面达成共识：大概念的"大"不是宏大、广大、基础，而是"核心"。大概念指将众多学科理解与连贯的整体联系起来的关键思想，能反映学科的主要观点和思维方式，是学科的骨架和主干，处在学科的中心位置，是学科知识的核心，是在事实基础上抽象出来的深层次概念，是一门学科为数不多的核心概念。大概念群集中体现学科结构和学科本质。

从时间上看，大概念具有可持久性，它需要学生进行持续理解，贯穿于整个学习过程，而其他概念与知识只存在某一课时或某一单元。学科知识往往具有螺旋上升的特点，需要从小学到大学的持续不断的进阶式学习。学生在一门学科的学习过程中，忘记了事实性知识后还剩下的内容就是该学科的大概念。因此，大概念具有可持久性，是经验和事实消失后还存留的核心概念。也就是说，大概念需要学生的深入持续理解，能用于解释或解决学生在学习和生活中遇到的事件、现象、问题，帮助学生活得更智慧、幸福。

从结构上看，大概念是使事实更容易理解的概念锚点，能够把其他知识聚合成网络状结构，而其他概念与知识不具备此功能。在具体学科中，大概念是关键思想，是基于学科的基本结构和方法，是学科知识的本质，能够把那些零碎的、片段的知识统帅起来。一个学科的大概念，可以是某一课时、某一单元或某一学段的大概念。跨越两个或者更多知识领域后，大概念可以连接子概念、其他大概念而形成网络结构。

掌握学科的结构是理解学科的一个重要方式。以大概念为中心进行各个学段课程内容的选取和组织，让大概念成为课程设计的关键线索，可以将该学科观念下产生的知识、技能等内容进行体系化覆盖与统整式处理，帮助教师澄清是否以及为什么要教授这些内容，针对学生前认知的学习障碍改进课程和单元计划，让学生的学习变得更加紧密、有效。例如，化学学科大概念"物质的组成结构决定性质"，揭示了不同物质具有不同性质和相似性质的根本原因，成为人类理解和研究物质性质的思维结构；生物学科大概念"生物体的形态结构与其生活环境相适应"则可以解释变色龙的体表颜色随季节而发生变化、兔子的眼睛长在头部的两侧等很多现象，为人类认识和研究生物提供了基本思想。[①]

从作用上看，大概念具有可迁移性，指向问题解决与素养培养，能促

---

① 顿继安，何彩霞.大概念统摄下的单元教学设计［J］.基础教育课程，2019（18）：6-11.

进学生深度学习，而其他概念与知识在这方面的作用要小得多。可迁移是大概念的本质和价值所在。大概念强调理解性学习，与高阶思维相链接。在每个学科领域，都有一些重要的大概念能为新问题的处理提供基本思路。因此，对大概念的可持续理解可以在学生的学习中持续发生作用。在这一过程中，学生不是仅学习知识本身，更要学习事实性知识背后的东西，揭示现象背后的原因，提升对知识的迁移能力和问题解决能力，实现"教的少而学的多"。而迁移能力与创造能力相连，又能使学生将原有经验概括化、系统化，学习到研究和解决问题的思想方法或关键工具。基于大概念的迁移能力的培养不是为了学习技能，而是学习普遍的规律与观念。学生可以将其应用到不同情境中，解决新情境中的新问题，不断扩大与加深对学科基本事实的认识。

2. 大概念与其他学科概念、知识的联系

大概念指能够解释和预测较大范围内事物和现象的学科知识的核心，是素养的一种具体表征，是以事实、知识为基础，且态度、价值观、思维方式参与其中的高阶认知，与其他学科概念、知识具有密切关系，可以与其他学科概念、知识组合成完整的知识结构。在大概念的引领下，学生学到的是由一系列知识整合成的具有共同属性的有规律的知识体系，既包含大概念，又包含小概念及其他知识。小概念往往是理解大概念的基础，大概念则能促进对小概念的理解。大概念是比学科核心知识更上位的概念，其他学科知识是下位概念，它们聚合在一起形成完整的知识结构。但无论是大概念还是小概念，体现形式都可以是多元化的，可以是一个词、一个短语、一个句子或者一个问题。反过来说，一个核心的概念、一个基本问题或一个正式理论都可以是大概念，只是用不同的方式表达出来而已。

三、大概念的意义与价值

大概念教育理念自提出以来受到教育界广泛关注，大概念教学的新范式研究成为推进现代教育发展的需要，大概念提供了认识世界和改造世界

的工具与方法，具有十分重要的价值观和方法论意义。大概念的意义与价值在不同层面有不同的体现：在宏观层面，可以改进教育教学的生态；在中观层面，围绕大概念设计综合课程成为课程改进的趋势，可以建设符合学生核心素养发展的课程体系；在微观层面，可以优化教学设计，促进学生学科核心素养的发展。大概念的价值与意义迫切需要我们去深入研究与积极落实。这里仅从教学设计层面加以分析。

（一）有助于教师准确定位教学价值

学科大概念是基于学科的基本结构和方法，是学科知识的本质与核心。大概念不是具体答案的简单事实，它能够揭示知识本质与内在联系，是知识背后的核心内容。因此，大概念可以帮助教师准确把握学科教学的重点与本质，能够使繁杂的课程精简下来。教师可以借助大概念统帅学科知识，让学生学习最重要的内容，这有助于教师有效定位教学价值，防止备课、授课时偏离教学目标。

大概念的价值可以从如下案例中得到展现：回顾一下对生命周期的理解，我们可能还记得蝴蝶发育的各个阶段，即卵、幼虫、蛹、成虫，但是我们应该学到的对生命周期的认识是什么呢？学生真的需要知道卵、幼虫、蛹、成虫吗？为什么是蝴蝶，而不是其他有机体？我们需要了解所有生物体的生命周期吗？当父母问我们在学习什么时，我们可能会回答说在学习蝴蝶。事实上，卵、幼虫、蛹、成虫并不是重要的概念，核心概念是所有的生物都有一个由出生、生长、繁荣和死亡组成的生命周期，而卵、幼虫、蛹、成虫只是蝴蝶这一特定有机体的生命周期。我们很多人都学习了这些具体细节，却错过了最主要的信息——大概念。[①]

在这个案例中，涉及温·哈伦等学者总结出来的 14 个科学大概念中的一个："生物体以细胞为基础构成，并具有一定的生命周期。"生命周期的概念应用很广泛，特别是在政治、经济、环境、技术、社会等诸

[①] 李刚，吕立杰.国外围绕大概念进行课程设计模式探析及其启示［J］.比较教育研究，2018（9）：35-43.

多领域经常出现，其基本涵义可以通俗地理解为"从摇篮到坟墓"（cradle-to-grave）的整个过程。

在现实的教学中，大家都非常熟悉一个说法：教学容量，就是指一节课中教师传授知识数量的多少。有的教师以一种积极负责的态度，生怕给学生遗漏了知识点，讲起课来面面俱到，浅尝辄止，以为反正自己讲过了，教师的责任就尽到了。这种错误的认识危害极大。这样的课堂，上起来匆匆忙忙，需要深入挖掘的地方深不下去，需要学生持续理解的大概念没有得到很好的揭示与反思，不利于突破教学重难点。最要命的是，执教教师对自己教学行为的不当之处浑然无知，甚至持续多年或整个教学生涯。每一个新知识的学习，必须进行充分的体验与实践，使大脑不断地受到冲击，才有可能真正内化为学生学到手的知识，形成素养。有时"少就是多"，比如在小学数学植树问题的学习中，尽管教师一节课只带领学生学习了三个例题，但是学生却充分地、透彻地理解了植树问题中两端都植、一端植一端不植、两端都不植三种情况背后的规律。这远比学生对规律的认识懵懵懂懂，一节课练习了20多道题效果更好。

我们需要深入反思到底什么是教师最值得教授的内容，如果教授内容选对了，那么才能去谈教学价值何在，如果教学内容的选择从根本上偏离了知识本质，教学就成为一种无效的时间消耗。然而，在现实的教学中，这却是大量存在的现象，因此，我们更加认识到树立基于大概念教学意识的重要性。

（二）有利于教学内容的结构化

传统的教学让学生学习大量的不连贯的、碎片化的事实、原理、公式等内容，没有瞄准最核心、最关键的知识，学生的学习负担重，而取得的效果却不尽如人意。大概念作为核心，成为众多知识建立联系的纽带。大概念指向学科教学的核心内容和主要任务，是学科内容的组织者，通常对学生学习的知识与内容具有统摄作用，可以让零散、碎片化的知识发生关联与聚合。大概念就像一个核心，能够把其他知识有机地组织在一起，从而克服知识的片段化现象，有利于构成知识体系。大概念教学给学生提供了方向与范畴，追求教学的"少而精"，能帮助教师从繁杂众多的学习内容中抓住主要矛盾和本质问题，紧扣重难点开展教学。把大概念作为课程整合的基点，教学紧扣学科重点内容，可以为学生构建具有梯度性与层级性的知识结构。通过学习认知体系，学生学到立体的知识，明晰知识之间的联系，建立完整的知识结构。这有利于对网状学科知识的把握，使庞杂的知识得到融通。整体的每一部分都对构成完整的整体发挥作用，整体与部分这一关系可以让学生在学习中意识到事物之间的关联。"大概念作为理解的建筑材料，可以被认为是有意义的模式，使人们能够把原本支离破碎的知识点连结起来。"[怀特利（Whiteley），2012]

围绕大概念组织教学，为什么可以解决碎片化的教学问题呢？请看顿继安教授提到的一个案例：以初中生物《动物的行为》一课为例，有教师的教学按照动物的摄食行为、防御行为、攻击行为、领域行为、节律行为、繁殖行为依次进行，对于每种动物行为，都是先给出行为的定义，再分析该种行为对动物的意义。这样的教学把动物的每种具体行为的学习作为独立单位，40分钟的课由6个时长为5~6分钟的"微课"拼接而成，不同动物的行为以孤立事实的形象留在学生头脑中，必然是碎片化的知识。如果教学围绕生物学科大概念"动物借助行为适应多变的环境，提高存活和繁殖的机会"来进行，动物的摄食行为、防御行为、节律行为等就有了深层联系。对这些动物行为的学习不必平均着力，通过对一些动物行为的深度分析，学生将学到从动物行为与环境相适应的角度认识动物的各种行为、动物行为的意义和各个行为之间的相互关系，以及动物与环境的关系的分析思路和探究方法。这样，当遇到课本中没学过的动物行为时，学生也能够自主分析和解释其意义。

（三）有利于提高教学设计的探究性

很多学生不愿意探究知识背后的联系，习惯于熟记知识以应付考试。大概念可以促进学生持久地理解问题，而不是简单地记下标题、短语或问题。大概念利于学习者看到学科的本质，它可以帮助学生摈弃繁杂的、过于细化的知识去学习知识的核心与重点，防止细枝末节的知识过多消耗学生的学习时间与精力，节省出时间开展探究式学习。它也有利于学生暴露知识学习中的盲区、对知识学习的误解与错误认识，从而形成一定的认知冲突。

大概念有助于教师挖掘隐藏在知识背后的思维方式。教师主要不是讲授各学科的知识，而是与学生讨论、辨别各学科的知识。"科学教育应该如在真实世界中的实践那样反映科学中各学科相互联系的本质。"基于此，2013 年美国发布的《新一代科学教育标准》提出了学科间整合的概念。并非将大概念直接教给学生，而是利用大概念更好地梳理学科知识，形成学科知识体系。

布鲁姆和他的同事们提出迁移是大概念的本质和价值所在：在每个学科领域都有一些基本概念，它们对学者们所研究的内容进行归纳和总结……这些概念为曾经研究的内容赋予了许多意义，同时它们也为许多新问题的处理提供了基本思路。……我们认为学者和教师的首要责任就是不断地探寻这些抽象概念，找到帮助学生学习这些概念的方式，尤其是帮助学生学会如何在各种不同情况下使用它们……学会使用这些准则就具备了处理各种问题的能力。

大概念教学与学生学习方式的改进是相辅相成的，正如温·哈伦等人所说："如果教学法并不与大概念的需求衔接，只是建议教学内容应该关注大概念是没有用的。"

（四）有助于对学习知识的迁移应用

知识掌握与意义建构服务于对大概念的深入理解与消化，引领学生持久而深入地理解大概念的教学，有利于促进学生从低阶思维走向高阶思维。学生学习到一些大概念，就可以把需要学习的知识统领起来，理解知识的脉络与结构，能够举一反三。有大概念意识的教师，若能掌握学科的基本概念架构，则有助于学生学习学科知识，并促进知识的迁移。学生不是仅学习知识本身，还要学习事实性知识背后的东西，揭示现象背后的原因是什么，并能够把学习到的内容迁移应用。这正是深度学习所倡导的。大概念可以帮助学生在课堂活动中注重联系和看到目标，可以帮助他们建立更加连贯和有丰富联系的理解。这有助于学生监控他们的学习情况以及构建问题，以澄清和扩展他们的理解。

学生可以把学科大概念作为解释、解决学科问题的基本思想与方法。学习理解了"细胞是生物体结构与生命活动的基本单位"这个学科大概念后，就学会了解决生物学关键问题时从"细胞"这个视角寻求答案。学习理解了"生物的多样性和适应性是进化的结果"这个学科大概念后，就可以获知生物界的复杂现象可以在进化理论的基础上获得解释。

大概念教学更注重知识的应用，这是学科核心素养落实的关键。核心素养是我国深化课程改革的重要理念，学科核心素养则是核心素养的具体化、可操作化。培养学生的必备品格与关键能力，要通过发挥语文学科、数学学科、英语学科等学科的育人价值来实现。促进学生学科核心素养的学习必然要摈弃死记硬背、机械训练，注重学生的思维能力、探究能力、创新能力的培养，还要上升到审美、文化的层面。"学习与思考永远都要置身在文化情境里，并且永远都需要依赖文化资源的使用。"[1]

综上所述，大概念是指能够解释和预测较大范围内的事物和现象的学科知识的核心，借此可以更好地认识学科的本质，进而认识与理解世界。

四、大概念统领下的学科教学转型

（一）从注重知识的数量走向关注知识的质量和价值

现实教学中，教师普遍关心教学容量，授课时常常事无巨细，并认为这样就尽到了责任。这样的教学，需要学生持续理解的大概念没有得到很好的学习与思考，无法深度挖掘学科内涵，难以突破教学重难点。

笔者在听课时发现，许多教师教学偏离重难点，在细枝末节上浪费时间。因此，教师可借助大概念统领学科知识，有效定位教学价值，紧扣重难点开展教学，防止偏离教学目标，给学生提供正确的方向与范畴，让学

---

① 布鲁纳. 布鲁纳教育文化观［M］. 宋文里，黄小鹏，译. 北京：首都师范大学出版社，2011.

生学习最重要的内容，从注重知识的数量走向关注知识的质量和价值。学生可以把学科大概念作为解释、解决学科问题的基本思想与方法。在新知识的学习过程中，教师要引导学生进行充分的体验与实践。大概念的迁移性对学生提升迁移应用能力有重要意义，而迁移能力能帮助学生自主地去解决新问题，从而有利于综合能力的培养。

（二）从零散的碎片化学习走向结构化的深度学习

传统教学的关注点是微观的，多关注单个的零碎知识点。而大概念教学的关注点是宏观的，从课程的视角揭示世界的复杂性联系，有利于学生在解决真实复杂的情境问题中实现素养的提升。大概念作为核心，可指向学科教学的核心内容和主要任务，是众多知识建立联系的纽带，对学生学习的知识与内容具有统摄作用，可以克服知识的片段化，有利于构成知识体系。学生能明晰知识之间的联系，建立完整的知识结构，使庞杂的知识得到融通，便于记忆与运用，实现结构化学习。

结构化学习是一种深度学习，其表现形式之一就是大单元教学。这里的大单元并不是教材的自然单元，而是根据知识之间的逻辑关系整合成的大单元，有时可能是两个甚至多个自然单元的组合。围绕大概念组织大单元教学可以解决碎片化教学的问题。以部编版语文教材九年级下册第二单元的教学为例，笔者研究了这个单元的大量教学案例之后，发现不少教师不关注单元教学要求，在教学时每篇课文各自为战，不能支撑起完整、真实的大情境、大任务。因此，笔者带领的课题组提炼出单元大概念：生动的语言可以刻画出鲜活的人物形象，深刻揭示小说主题。这样的大概念揭示了本单元四篇小说的共性之处。在大单元视域下，教师可关注四篇小说的横向融通，为学生设计大任务"分析四篇小说写作的相同点与相异点"。以大任务驱动学生持续理解本单元的大概念，学生可将从教读课文《孔乙己》《变色龙》中学习到的知识迁移应用到自读课文《溜索》《蒲柳人家》中，深度体验小说作者是如何通过生动的语言刻画鲜活的人物形象，从而深刻揭示小说主题的。这样的教学使整个单元以学科大概念为统领，组织成整体性的学习内容，对大概念进行持续理解，走向深度学习。

（三）从注重知识学习走向关注学科核心素养培育

培育学生的核心素养要通过发挥各学科的育人价值来实现，不是记忆专家的结论，而是培养专家思维。要引领学生学会像专家一样思考知识的联系、知识的结构。

大概念的学习目标指向知识的迁移与创新，更注重知识的应用，符合学生发展核心素养的要求。基于大概念的学习进阶必须与一定的学习方式相配合才能更好地发挥作用。如果教师的教学方法与此不相匹配，效果就会大打折扣。因此，教师要把主题学习、项目化学习作为大概念教学的路径，引导学生进行自主、合作、探究式学习。

教师若能有大概念意识、掌握学科的基本概念架构，可在教学中帮助学生更好地理解学科知识并实现知识迁移。教师要不断地探寻大概念，帮助学生掌握学习这些概念的方式，特别是在不同情境中的使用方式，提升学生处理问题的能力。随着知识掌握与意义建构服务于对大概念的深入理解与消化，学生可持久、深入理解大概念，有利于走向高阶思维。

（四）从注重结果性评价走向过程评价与增值性评价相结合

传统教学注重纸笔测验，多为结果性评价，对发展学生素养作用不足。而基于大概念的教学注重对学生的知识迁移应用能力和核心素养的培育。这些能力和素养的培育往往是贯穿于整个学习过程中的，因此从设计学习目标到获得结果的整个过程都强调"教学评一体化"。教师的教、学生的学、评价都指向学习目标的达成，同时关注过程、结果评价和增值性评价。大概念教学倡导逆向教学设计，也就是结果导向的教学设计。增值性评价充分考虑到学生的已有基础，追踪学生在一段时间内学业成就的变化，考查学生学业成绩的净增值，因此，更加客观公正。

基于大概念的教学倡导多元化评价，其评价主体可以是教师、家长、学生、社会人员等，评价方法可以是上台展示、表演、讨论、辩论、口头评价，甚至一个肢体动作或鼓励的眼神。基于大概念的教学倡导嵌入式评价，即让评价贯穿于课前、课中、课后。教师要明晰课程标准、教材、学情等的要求，设计科学合理的评价量规，作为学生的评价工具和学习支架。量规内容视具体情况而定，可以简单也可以复杂。学生可自主选择评价方法，可参与到评价之中，如自主合作设计评价量规、自主出测试题等。这种评价方式可让学生在学习新知前，及时获取指向学习目标达成的评价标准，从而引领学生的学习行为，帮助学生形成核心素养。

五、构建大概念的方法

教师作为课程的建设者，肩负着把理想课程落实为实践课程的重任，意味着要把国家课程有效地师生化、生本化，这离不开对大概念的认识与构建。构建大概念并不容易，往往是一项重大的智力挑战，不仅需要教师个人付出努力，而且需要教师团队共同研讨。可以采用不同的方式提取大概念。

（一）基于课程标准构建学科大概念

课程标准是构建学科大概念的重要渠道。虽然有些学科的课程标准并没有明确提出学科大概念是什么，却可以通过分析，关注那些反复提及的重要知识与内容，从而理解隐含在字里行间的重要核心知识。相比而言，高中生物学科的课程标准对学科大概念揭示得更明晰，明确提出："课程设计和实施追求'少而精'的原则，必修和选择性必修课程的模块内容聚焦大概念，精简容量、突出重点、适合年龄特点、明确学习要求……"高中生物学科课程标准给出的学科大概念详见本书第二章中的"生物学科大概念"。

（二）追问学科教学价值概括大概念

虽然不少教师对大概念相对陌生，但是，笔者通过研究优秀教师的教学案例发现，优秀教师之所以优秀，是因为他们在教学设计中，实际上运用了大概念的教学思维与模式。优秀教师的教学从现象看本质，变零散为结构化，深度挖掘学科教学价值，与大概念思维异曲同工。不过很多时候优秀教师是无意识的。我们的目的，就是唤醒教师从盲目、无意识地使用大概念，走向有意识地重视大概念在教学中的应用。

例如，看到河水侵蚀了河岸的一部分，并在稍远的地方沉积了沉积物，教师概括了大概念："地质力量既可以破坏自然特征，也可以创造自然特征。"然后，教师用这个大概念将教科书中以非常孤立和分离的方式呈现的各种地质内容联系起来，并与现实世界关联起来。对学生们来说，以这种方式构建大概念使他们能够以新的方式看待日常现象，关注他们以前没有关注过的事情。

在这个案例中，大概念以教师的实际生活经历为基础，来源于教师让学生参与和理解相关概念时的思考。这或许使有的教师朋友恍然大悟：在我的教学中，一直就没有缺少大概念。大概念应该反映教师的教学目的。一个重要的方法就是教师要让学生认识到教学目的与教学价值是什么，要时刻把学生引入学习之中，启动学生的元认知。

又如，从"代数式"的学习内容中提炼出"引入符号使数学具有更大的普适性"这一观点，作为数学学科大概念，它是对"数学抽象"这一学科核心素养在某一维度上的表达。

（三）以是否具有生成新知识的能力判断

对教师来说，更常见的大概念来源于学习领域本身，在这个领域中，课程中的主要标题或教科书中的章节标题，强调了该领域中被认为重要的主要思想。我们不认为主要标题是大概念，因为它们没有足够的生成性。有学者认为数学中的一个大概念是"数学思维"，化学中的一个大概念是"酸碱的 PH/ 相对强度"。虽然它们都是重要的标题内容，但我们认为它们没有生成性，在链接到其他概念或学生的经验方面价值不大。由于这个原因，它们在基于大概念的教学方面并不强大，也不能基于教学推理将它们迁移应用。这样的描述虽然很有说服力，但是对教学来说作用不大。因此，如果要提高学生的学习效果，往往需要重新提炼大概念。

例如著名的牛顿第三定律：对每一个作用力来说都存在一个大小相等、方向相反的反作用力。事实证明，这种说法具有误导性，因为它使人们的注意力偏离了一个关键问题，即作用力和反作用力作用于两个不同的物体上。老师和课本经常在同一个物体上画两个箭头，代表一对动作——反应，这使得在教学上合理的解释无法实现。因为几乎所有的反作用力都是由物体的某种变形（弯曲、挤压、拉伸）引起的，所以要把焦点转移到反作用力的起因上，并在图表中指明它们的位置。同样地，蚊子已经对 DDT（一种有机氯类杀虫剂）产生了抗药性的说法表明，个体蚊子可能会因为喷洒 DDT 而产生抗药性，这是一个严重的错误——种群会产生抗药性，是因为不具有抗药性的蚊子会死亡，不再繁殖。在这两个例子中，重新措辞的大概念使得理解学习问题更容易，因此更具有教学上的生成性，为教师教学的各个方面都指明了更有成效的方向。

教师不应该不加批判地接受某领域的关键字和短语作为大概念，而应该把它们重新加工成生成性的语句。当教师最初利用预想的某领域的大概念进行教学时，会发现不足以帮助他们教授相应的主题。可以说明这一点的是一些科学教师第一次尝试提取大概念。一位教师提出，异养生物和自养生物的定义是很重要的概念。这里的问题不是没有什么大概念，而是这个大概念是如何形成的。此定义很少或根本没有解释为什么这个概念在科学上很重要。这里的大概念是：一群生物利用太阳的能量来制造食物，所有其他生物都依赖这些食物获取能量，从而生存。以这种方式表达或构思的大概念，有助于组织许多生物学和环境科学的关键概念。例如，它解释了为什么菜地需要阳光直射，为什么食物链总是从进行光合作用的有机体开始，为什么浮游植物是几乎所有海洋生物的起点。这是一个中心思想，可以解释为什么在每个食物链水平上生物量下降 90%，从而解释为什么像 DDT 这样的物质在每个水平上的积累是原来的十倍，会对鹰这样的顶端捕食者造成致命的后果。它也为学生提供了一条观察例外情况的途径，比如生活在海底火山附近的细菌，它们的能量来源是由地核的热量提供动力的化学物质。

有学者认为，大概念最好用带动词的句子来表达，一些教师提取了教学上强有力的大概念。例如，有教师在计划教授呼吸和光合作用时，首先提供了更大的科学框架：构建复杂分子需要能量，而破解复杂分子释放能量，以及重要的细胞加工过程需要能量。在这个框架内，每个细胞都需要为这些细胞加工过程提供能量。教师解释说，呼吸是提供这种能量的机制。这里，把几个不同的生化过程联系起来。一个大概念是一个统一的原则，它连接和组织许多较小的概念或观念和多种经验。因此，建立一个大概念以指导实践，提供了与其他概念的联系。[①]

（四）从教学重难点、考点中提取大概念

教师要努力思考教学中的大概念是什么。逆向教学设计中，执果索因，预期的学习成果中可能蕴含着大概念。教学评一体化中，要教、要学、要考的重难点内容往往就是大概念。教师要不断地反问自己，学生要掌握的哪些内容最重要？为什么这些内容是最重要的呢？这样的自我反思会使教师逐渐接近大概念。

济南莱芜陈毅中学的夏俊梅老师在函数大单元的教学设计中，分析了初中阶段学生要学习的三类函数：一次函数，反比例函数，二次函数。在已有的教材中，这些内容的安排在学习时间上是非连续的，但教学内容的设计是相似的，学习方法也可以相互迁移。因此，她在单元设计中引领学生形成以大概念为统摄的结构化的学科知识，并将之转化为能解决具体问题的思路与方法。不论学生是连续学完这三类函数，还是按照课本进度逐一完成，都可以用持续、递进的方式来促进学生的理解和迁移应用。归纳函数具有的共同特质，就可以根据单元教学重点提取大概念：自变量和因变量关系的不同决定了不同的函数模型；待定系数取值的不同决定了函数不同的性质。

教师在教学过程中不断反思质疑是不是已找到了合适的大概念时，可把大概念的特点作为判断依据。在这个过程中，建议与团队教师深入商讨，甚至听一听学生的看法。例如，粒子之间存在着空隙，这是教师在教学生学习粒子物质理论时面临的一个主要障碍。对学生来说，另一个常见的替代概念是粒子之间有空气。通过与学生探讨，获知学生的已有想法，为学生构建具有教学效果的学习经历。大概念除了在链接、生成知识体系和提供学生参与的途径方面有很大的教学价值，还可以帮助教师应对学生的学

---

① 借鉴于澳大利亚墨尔本莫纳什大学教育学院几位学者发表在杂志《教师和教学》（*Teachers and Teaching*）上的文章《用"大概念"促进教师的教和学生的学》（*Using "big ideas" to enhance teaching and student learning*）。

习障碍。相应地，教师可以从学生的学习难点处概括大概念。例如：由于气体的不可见性，人们普遍认为它们是失重的，不占空间。当学生经常被告知容器里没有东西时是空的，现在却被期望去理解尽管是空的，但它们确实含有空气，就会产生困惑。对学生学习这一问题的情形进行反思，形成了一个大概念：气体是和固体、液体一样的物质的一种形式。这一点在成人看来是显而易见的，固体、液体和气体列为物质的三种状态是很通常的认识，而学生学习却感到困难。教师去体会学生的困惑背后的教学价值，从学生容易理解的新视角去重新解释问题，通过类比固体和液体、做实验等方法，解决气体占据空间和有质量的问题。对于这个教学难点的解决，体现了大概念的生成性。突破教学难点提取大概念有助于教师思考并更好地理解学科的本质。

构建或修改教师要教的大概念可以帮助教师明确教学的重难点。如果教师没有足够的教学内容知识储备，这将变得困难。提取大概念在教学能力上要求很高，而且很费时，至少在开始的时候如此。教师需要能够看到提取大概念的价值，并有信心坚持去做。教师要对教材、课程资源以及考点进行研究，用研究的心态去改进教学。

在跨学科、跨学段的整合中，需要归纳梳理相似学习内容的共同性，厘清知识学习的进阶发展与重要节点，构建知识之间的内在本质联系。例如：基于课程标准的要求，结合教材具体内容的特点和学生的实际情况，在初中"身边的化学物质"这一主题中统整金属、酸、碱、盐的相关知识，可以确定"基于物质分类认识物质的化学性质及反应规律"这个整合点。在高中必修课程的"常见的无机物及其应用"这个主题中，统整铁及其重要化合物的相关知识，可确定"基于物质类别和元素价态认识物质及其转化"这个整合点。统摄这些知识的共同的学科大概念是"物质的组成结构决定物质的性质"。也可将上述初中、高中的相关内容统整起来构成跨越学段的、非连续的"元素与物质"大单元。由此构建的"大概念引领下的'从元素视角认识常见无机物性质及转化'的知识框架"如下页图所示[1]。在这个案

① 顿继安，何彩霞 . 大概念统摄下的单元教学设计 [J]. 基础教育课程，2019（18）：6-11.

例中，教师从教学设计中不断地权衡、明确了学科大概念——"物质的组成结构决定物质的性质"，这个大概念在教学设计中也确实发挥了重要作用。

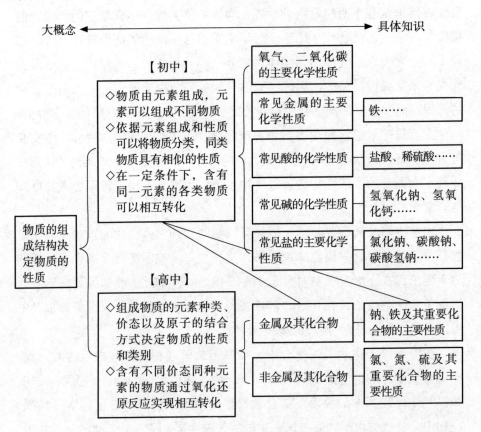

总之，既可以从教学重难点、考点中去概括大概念，也可以从已提取的大概念出发去确定教学重难点、考点，并在此过程中验证所提取大概念的科学性。

（五）在课程视域下从解决问题中提炼

首先，基于课程视域从设计核心问题的基本策略中提炼大概念。

教师要有课程视野，有意识地走出具体的知识点，围绕上位的学科概念、原理和思想方法进行教学设计。在教学过程中，问题是推进教学的动力，因此，教学设计中一个重要的环节就是问题设计，而核心问题设计是重中之重。核心问题往往指向学科核心内容，反映学科的本质，能引导学生不断思考和理解，能鼓励学生超越特定主题进行更大范围迁移和应用。因此，核心问题与学科大概念具有相同的属性，通过对核心问题的持续思考，可以提炼出学科大概念。

在高中生物"细胞结构"这一单元的教学实践中，有教师曾前后设计了五版核心问题，为我们提炼学科大概念提供了很好的示范。

高中生物"细胞结构"单元中设计的核心问题 [①]

核心问题第一版：

细胞各个部分是如何既分工又协作，共同完成各项生命活动的？

核心问题第二版：

（1）细胞各个部分是如何既分工又协作，共同完成各项生命活动的？

（2）科学家是如何发现细胞各个部分既分工又协作，共同完成各项生命活动的？

核心问题第三版：

（1）细胞各个部分是如何既分工又协作，共同完成各项生命活动的？

（2）科学家是利用什么技术和方法，发现细胞各个部分既分工又协作，共同完成各项生命活动的？

核心问题第四版：

（1）生命系统的各个部分是如何既分工又协作，共同完成各项生命活动的？

（2）科学家是利用什么技术和方法，发现生命系统的各个部分既分工又协作，相互依存的？

核心问题第五版：

（1）系统的各个部分是如何相互关联的？

（2）用什么技术和方法，探究系统各个部分的关联性？

① 王春易，等 . 从教走向学：在课堂上落实核心素养 [M]. 北京：中国人民大学出版社，2020.

从核心问题的第一版到第五版，师生经历了一个怎样的持续思考过程呢？问题的设计焦点，从"细胞"到"生命系统"再到"系统"，意味着学习视野的扩大：从教学视角转向了课程视角。教师备课，往往习惯于就一节课备一节课，或者就一个单元备一个单元，很难从课程视域思考学科本质问题。因此，教师一开始着眼于"细胞各个部分如何既分工又协作"（第一、二、三版的核心问题），这很正常，这是大多数教师或备课参考材料的设计思路。从第四版的核心问题开始，上升到了"生命系统"，再到第五版上升到"系统"。思考的路径突破了单元学习内容是细胞结构的藩篱，考虑到了生命是有结构层次的生命系统，细胞是最小的、最基本的生命系统，除此之外还有组织、器官、个体等其他生命系统。只有教师的思维打开了，才能更好地引领学生的思维发展，使学生的思考发生质的改变。学生不仅思考在细胞中各个部分如何分工协作，也会思考在细胞以外的其他生命系统中各个部分是如何分工协作的。有的教师可能会质疑这样的教学设计是不是过难了，因为在本单元的学习中并不能得到这个问题的完满答案。教学并不是为了让学生学习那个所谓明确的答案，记忆专家的结论，在考试的时候把答案默写出来，更重要的是学习专家思维，引导学生像专家那样思考，让每位学生成为心智自由的学习者。我们要引领学生去思考学科中的根本内容，促使学生持久地理解大概念，而不是拘泥于一节课和一个自然单元。第四版核心问题的设计，有利于学生对整个生命系统的理解，也会让学生从更高层面上加强对本单元内容的理解。第五版的核心问题设计，可以让学生的思考视角从生命系统走向非生命系统。这就是跨学科学习了。"系统的各组成部分通过相互作用、相互依赖、分工合作从而成为具有各种功能的有机整体。"这是一个普遍规律，也就是大概念。显然，这样的核心问题不仅有利于学生从问题中探寻学科本质，而且有利于学生建立"系统观"思想。此时，不仅教师探寻的学科大概念更加清晰，而且跨学科大概念也浮出了水面。学生的核心素养自然就在课堂上得到了落实。

据有关专家透露，在将要颁布的义务教育新课程标准中，国家要求花10%的时间来开发跨学科主题，在教材层面必须保证将10%的跨学科内容设计出来。要想让学生具有跨学科学习思维，那么教师必须先行。核心问题的设计不是只来自具体知识，从课程的视角看，科学研究方法、科技进步、新工具的发现同样具有重要价值和意义。当教师理解了这些内容是促进科学进步的重要力量，是培养学生综合品质的重要素材时，核心问题的设计从无到有，从泛泛而谈到具体，呈现了学习进阶的层次感。笔者曾有幸以中国教育科学研究院访问学者的身份在王春易老师和她带领的团队的课堂上跟踪学习，亲眼目睹了学生是如何在一次次的思维困惑、思维碰撞、思维发展中落实核心素养的。

其次，基于课程视域从解决问题的基本策略中提炼大概念。

大概念的提炼不是一蹴而就的，会在解决问题的过程中渐渐明晰起来。例如，学生在刚接触方程时，对方程的意义不太理解，习惯了算术方法，不习惯用代数方法求解。教师不能局限于学生能熟练地说出方程的定义，能正确判断某些式子是不是方程，而是要引导学生体会引入方程求解的价值。教师先拿一年级的简单题目"原来篮子里有一些苹果，吃掉了 2 个，还剩 6 个，原来篮子里有几个苹果？"让学生计算，引导学生采用沿着题目表述的意思用算式表达的方法，把未知数字先空着： $-2=6$。再引导学生为了区分算出来的数字和已知的数字，可以把空着的地方用括号、问号或其他符号标注出来：（ ）$-2=6$，$?-2=6$，$A-2=6$，$X-2=6$，$※-2=6$ 。这样就顺理成章地引入了用符号表示数。继而，老师再出示加法、乘法、加减混合、加乘混合等不同的题目经历多次尝试，要求学生既可以用原来的老方法计算，也可以沿着题目的意思直接写出式子，未知的具体数字可以用符号代替。然后，让学生比较这两种方法进行计算的不同，从而引出方程的定义，让学生理解方程的意义。通过多次计算，师生不断分析算术方法和方程方法的共同点，从而逐渐形成了需要持久理解的大概念：可以利用未知数与已知数之间的等量关系求取未知数。随着深入学习，学生会渐渐明白，利用方程求解的代数方法会比算术方法具有更多优势。

在新冠肺炎在全球范围内传播的疫情期，笔者每天向单位报告是否发热等信息，并关注疫情发展的实时动态。此时，满脑子思考的都是有关基于大概念的问题，这两者是否可以建立起联系？既然大概念思维是一种解决问题的学习工具与方法论，那么这种思维方式就有一定的迁移性。比较全球疫情的发展，笔者归纳梳理了三条新冠肺炎防控工作中的大概念：

（1）政府的管理手段和力度是能否有效控制疫情传播的关键因素。

（2）戴口罩、勤洗手是防止个体感染的重要方法。

（3）80岁以上老年人属于易感人群且发病后致死率相对高。

由于笔者医学知识欠缺，这里建构的新冠肺炎大概念只是针对自己熟悉的部分，还可以建构"如何治疗炎症风暴"之类的内容。

反观上述三条内容，是否具有大概念的特征呢？从整合性来看，这些内容可以整合疫情流行发展的一部分普遍特点。从生成性来看第一条"政府的管理手段和力度是能否有效控制疫情传播的关键因素"，各国政府根据国情采取了各具特色的管理手段，既有要求市民在家少出门、关闭一些公共场馆等相似的措施，也有依靠"群体免疫力"等个性措施。因此，从这条大概念出发是可以生成一些新措施的。从迁移性看，这些措施可以用于"人类共同体"共同抗击疫情。

这样的思维方式，是否有一定的证据证明其科学性呢？笔者在查找资料的过程中，在《追求理解的教学设计》一书中，找到了下面的内容：

下面是来自不同技能领域的大概念例子：

● 在烹饪时，尽量减少浪费，使用剩余的调料来提升口味。

● 在游泳时，直接向后推水，以确保最佳的速度与效率。

● 当为了理解而阅读时，联系"字里行间"的含义，而不仅仅是逐字阅读。

● 在生活中，发展各种自给自足的生活技能（如预算）。

● 在团队运动（如英式足球、美式足球、篮球）中，创造防守的空间以创造进攻机会。

● 在科学和数学中，理解在观察和测量中的误差概念。

总之，大概念的提取和概括，并没有统一的模式和要求。只要是学科知识的核心，需要产生持久理解的内容，就可以作为大概念。

第二章
学科大概念例举与分析

基于大概念的教学设计，首要一条就是要把学科内的大概念归纳梳理出来。这需要对整个学科体系有全局把握与深入了解。笔者认为，这不仅对新入职教师会是严峻的挑战，即使对骨干教师来说同样难度较大。建议借助专家、团队的力量来研发学科大概念。

一、科学领域大概念

（一）关于科学知识的大概念[①]

《以大概念理念进行科学教育》一书提出了一组跨领域的高层概念和模型，它们能够对相当范围内的有关现象做出解释，故称之为大概念；给出了一些实证，表明确定为数不多但却十分有用的概念有很大的益处，不仅能够腾出学习时间，使得基于探究的教学法能够实施，而且使学生重视在科学活动中收集和使用实证，这是获得了解周围世界的科学知识以及如何运用科学知识的核心。[②] 此书归纳出了十个科学知识的大概念和四个关于科学本身的大概念。

十个科学知识的大概念：

---

① 温·哈伦.以大概念理念进行科学教育［M］.韦钰，译.北京：科学普及出版社，2016.
② 同上。

1. 宇宙中所有的物质都是由很小的微粒构成的。

2. 物体可以对一定距离以外的物体产生作用。

3. 改变一个物体的运动状态需要有净力作用于其上。

4. 在宇宙中能量的总量总是不变的，但是，在某种事件发生的过程中，能量会从一种储存形式转化成另一种储存形式。

5. 地球的构造和它的大气圈以及在其中发生的过程，影响着地球表面的状态和气候。

6. 宇宙中存在着数量极大的星系，我们所在的太阳系只是其中一个星系——银河系中很小的一部分。

7. 生物体以细胞为基础构成，并具有一定的生命周期。

8. 生物需要能量和物质的供给，为此它们经常需要依赖于其他生物或与其他生物竞争。

9. 生物体的遗传信息会一代代地传递下去。

10. 生物的多样性、存活和灭绝都是进化的结果。

四个关于科学本身的大概念：

1. 科学是在究其所以，或是发现自然现象的原因。

2. 科学上的解释、理论和模型都是在特定的时期内与可获得的实证最为吻合的。

3. 将科学研究中得到的知识运用于工程和技术，以创造服务于人类的产品。

4. 科学的运用常常会对伦理、社会、经济和政治产生影响。

（二）生物学科大概念

《普通高中生物学课程标准》（2017年版 2020年修订）中，在高中必修课程中提炼了四个学科大概念以及分解出的下位学科概念，如下：

1. 细胞是生物体结构与生命活动的基本单位。

    1.1 细胞由多种分子组成，包括水、无机盐、糖类、脂类、蛋白质和核酸等，其中蛋白质和核酸是最重要的生物大分子。

1.2 细胞各部分结构既分工又合作，共同执行细胞的各项生命活动。

1.3 各种细胞具有相似的基本结构，但在形态与功能上有所差异。

2. 细胞的生存需要能量和营养物质，并通过分裂实现增殖。

2.1 物质通过被动运输、主动运输等方式进出细胞，以维持细胞的正常代谢活动。

2.2 细胞的功能绝大多数基于化学反应，这些反应发生在细胞的特定区域。

2.3 细胞会经历生长、增殖、分化、衰老和死亡等生命进程。

3. 遗传信息控制生物性状，并代代相传。

3.1 亲代传递给子代的遗传信息主要编码在 DNA 分子上。

3.2 有性生殖中基因的分离和重组导致双亲后代的基因组合有多种可能。

3.3 由于基因突变、染色体变异和基因重组引起的变异是可以遗传的。

4. 生物的多样性和适应性是进化的结果。

4.1 地球上现存物种丰富多样，他们来自共同的祖先。

4.2 适应是自然选择的结果。

另外，教学中，教师可以根据不同章节的具体知识概括提炼每个章节的学科大概念。例如，在选择性必修"稳态与调节"模块中有一个大概念：生命个体的结构与功能相适应，各结构协调统一共同完成复杂的生命活动，并通过一定的调节机制保持稳态。

（三）从小概念到大概念的构建

如下页图所示，科学概念体系符合金字塔型知识结构，从底层到顶层分别是基础知识与基本技能、学科视角与核心概念、跨学科的主题、哲学观点。科学小概念指的是基础知识与基本技能。科学大概念包含哲学观念、跨学科的主题、学科视角与核心概念。以大概念的理念组织教学并不是把大概念直接教给学生，而是站在大概念的高度上，梳理概念体系，审视概念进程，选准基本教学问题，选择有效的教学方法和教学情境来促进学生科学概念的建构，并促使学生的科学概念朝着大概念的方向发展。①

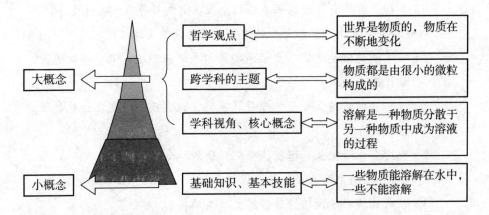

二、数学学科大概念

下文（一）（二）两部分内容翻译自英文文献。其中"数学学科的 21 个大概念"原载于 2005 年第 7 卷的《数学教育领导者学报》（*Journal of Mathematics Education Leadership*），作者是查尔斯（Charles·R·I）等。之所以把比较系统的数学学科大概念呈现出来，是基于目前这样的案例国内极为罕见。学科教师苦于不知如何构建自己所教学科的大概念体系。因此，一个相对完整的学科大概念的范例对广大教师的启发意义要大于片段的、零碎的讲述。

（一）学习大概念的重要意义

大概念对数学学习至关重要，它能把许多数学理解联系成一个连贯的整体，能够引领学生走向数学学习的本质。当一个人理解了大概念，数学就不再被看作是一组不连贯的概念、技能和事实；相反，数学成为一套连贯的相互联系的内容。高质量的教学始于教师深厚的学科知识。优秀教师会围绕大概念进行教学，让学生理解这些联系，能够适时提出恰当的问题，

---

① 胡善义.以大概念的理念建构科学概念的教学研究——以《溶解》单元为例［J］.教育导刊，2018（3）：72-76.

针对重要内容进行高水平的课堂对话，能够在教学过程中评估学生的思维和理解。查尔斯认为不可能得到一套所有数学家和数学教育者都普遍认同的大概念及其理解，不过，没有必要在这方面达成共识。这里提出的数学大概念及其理解可以作为开始对话的起点。

如果你问一群老师或任何一群数学教育工作者关于大概念的例子，你会得到各种各样的答案。有些人会提出一个主题，有些人会提出一个期望，有些人甚至会提出一个目标。虽然所有这些都很重要，但似乎没有一个足够有效，足以成为一个高质量的数学大概念。这里给出的大概念的定义是：大概念是数学学科至关重要的观念的陈述，是数学学习的核心，能够把各种数学理解联系成一个连贯的整体。

这个定义有几个重要的组成部分。首先，大概念是一种陈述。例如：任何数、度量、数值表达式、代数表达式或方程都可以用具有相同涵义的无限种方式表示。

为了便于讨论，下面在陈述每个大概念之前都给定了一个词或短语进行说明（例如等值）。重要的是要记住这个词或短语是大概念的命名，它不是大概念本身。更重要的是命名后面的陈述。把大概念清晰地阐述出来，迫使人们去掌握这个概念的数学本质。

大概念定义的第二个重要组成部分是：大概念是数学学习的核心。例如，有许多数学概念（例如数量、相等、计算）和许多数学过程（例如使用逆运算解线性方程和相等的性质），理解的基础是知道数、表达式和方程等数学对象可以用不同的方式表示，而不改变其值或解，即等值性。此外，了解保持相同内涵或解决方案的表达变化类型是一个强大的问题解决工具。

数学学习的核心可以用不同方式来确定。一种方法是通过仔细分析数学概念和技能；另一种方法是内容分析，寻找贯穿年级和主题的联系和共性。

大概念定义的第三个重要组成部分是：它将许多数学理解联系成一个连贯的整体。大概念会产生联系。例如，早期的年级课程引入了几种策略，用于处理基本的数值运算，如 $5+6$ 和 $6×7$，使用两倍的策略时认为 $5+6$ 等于 $5+5$ 加 1，使用 5 的策略时认为 $6×7$ 与 $5×7$ 加 7 相同。这两种策略和其他策略都是通过等值的思想联系在一起的，两者都涉及将计算分解为使用已知事实来找出未知事实的等值表示。优质的教学应该明确这些联系。

下文将给出中小学的一系列数学大概念，并且对每个大概念都给出了数学理解的例子。数学理解是学生需要学习的重要思想，因为它有助于理解大概念。对大概念的数学理解可以通过仔细分析内容来确定，但许多理解必须通过倾听学生的声音，识别常见的困惑，并分析导致这种困惑的问题来确定。研究和教学经验是持续寻求数学理解的重要工具。

为什么大概念是重要的？

大概念应该是数学知识的基础，是教学实践的基础，也是数学课程的基础。把一个人的数学知识建立在相对较少的大概念上，会更好地促进对数学的理解。理解大概念还有其他好处：

- 激发学习动机。
- 促进更多的理解。
- 提高记忆力。
- 提升自信。
- 促进学习者自主发展。
- 促进转移。
- 减轻记忆负担。

理解数学大概念的教师通过不断地将新概念与大概念联系起来和在整个教学过程中强化大概念，将大概念思想应用于教学实践。此外，教学有效的教师知道大概念是如何连接不同年级的主题的；他们知道在每个年级应发展的概念和技能，以及这些概念和技能是如何连接上一年级和下一年级的。

（二）数学学科大概念

这些数学大概念为读者提供了一定的参考，可以此为基础修改或者自己开发大概念。

1. 数学学科的 21 个大概念

查尔斯和几个同事在每个项目中都清晰地阐述了数学理解，一些数学理解就变得明显起来，一些概念似乎与更大的概念有联系，然后他开始努力阐明是什么联结了这些概念，他发展了大概念的定义，并以此作为指导。在做这些工作时，他遇到了一个基本问题——大概念有多大（或多小）？他的感觉是，大概念需要足够大，以便相对容易地表达几个相关的概念。大概念对教师、课程开发人员、测试开发人员以及负责制定州和地区标准的人员都有用。如果大概念太大，它的作用会减弱。一个人的知识、教学实践和课程都可以建立在少数概念的基础上。这不仅为老师聚焦了重点，更重要的是它使学生对数学有了更深刻的理解。

对大概念的研究可以有助于课程标准、教材的修订、开发与评估，有助于建立以数学内容为重点、以大概念以及理解为基础的专业发展课程。让教师参与使用大概念开展教学实践，能够帮助教师抓住数学学科的本质。教师可以以这里提出的大概念以及数学理解为出发点，根据自己的经验与理解编辑、添加和删除，直到自己感觉最好。但是，教师在开发自己的大概念集时，请记住如下要点：首先，不要失去定义中对大概念本质的理解。其次，不要让自己的大概念及其理解丢失了学习内容和课程的连贯性。大概念需要保持大，需要成为我们做几乎一切事情的锚。

我国的数学学科分了四大领域：数与代数、图形与几何、统计与概率、综合与实践。查尔斯总结出来的从幼儿园到 8 年级数学课程中的大概念与我国数学学科的学科体系不一致，老师们看起来或许会感到不习惯。不过，笔者与课题组成员在研讨中发现，这个研究成果的确对我国数学教师基于大概念的教学具有极大的启发意义与借鉴价值。

下面就是查尔斯总结出来的从幼儿园到 8 年级数学课程中的大概念。必须说明的是，为了让老师们阅读方便，翻译时作了些本土化处理，以便更加贴近我国数学学科的特点。①

大概念 1

数：实数集是无限的，每个实数都可以与数轴上唯一的点相对应。

---

① 翻译完 21 个数学大概念后，笔者特意请教了山东省济南市历城区数学特级教师谢兆水校长，请他进行了勘误，感谢他的友情支持。

数学理解的例子：

（1）数数。

• 基数表示物体有多少个。序数表示物体的第几个。计数时，最后一个数表示物品的总数，这是一个累积计数。

• 以不同的顺序数一组数，并不会改变总数。

• 数和匹配的符号，可以准确地告诉一组中有多少项。

• 每个数可以与数轴上的一个点一一对应，但是数轴上有许多点不能通过数来命名。

• 计数单位相同的情况下，相邻两数差的绝对值相等。

• 整数中 1 是最小的计数单位，在数轴上没有最大的计数单位。

• 数可以用来表示一个序列中物体的位置（例如 3 号），数可以用来命名某物（例如社保卡号）。

（2）正整数。

• 0 是一个数，用来描述一个小组中没有数量。

• 0 与数轴上唯一的点相关联。

• 每个正整数可以与数轴上唯一的点相关联，但是数轴上有很多点不能用正整数来命名。

• 0 是最小的正整数，数轴上没有最大的正整数。

（3）整数。

• 整数在数轴上的相反数是整数，0 的相反数是它自身。

• 每个整数可以与数轴上唯一的点相关联，但数轴上有很多点不能用整数命名。

• 整数和它的相反数在数轴上离 0 的距离相等。

• 数轴上没有最大或最小整数。

（4）分数。

• 一个分数表示将一个整体（区域、集合、片段）分成相等的部分。

• 分数的分母表示整个单位被分成多少个相等的部分，分子表示有多少个相等的部分。

• 分数与整体的大小有关。

- 分数表示除法（$\frac{a}{b} = a \div b$，$a \& b \neq 0$），在数轴上可以表示为两种方式。例如，在数轴上 $2 \div 3$ 可以解释为一个分数单位是 $\frac{1}{3}$，共有 2 个分数单位（$2 \times \frac{1}{3}$），或 2 个整体单位之中的 $\frac{1}{3}$（$\frac{1}{3} \times 2$），每一个都与数轴上的同一点关联。

- 每个分数都可以与数轴上唯一的点对应，但不是所有整数之间的点都可以用分数来命名。

- 数轴上没有最小或最大的分数。

- 数轴上任意两个分数之间的分数个数是无限的。

- 小数是分数的另一个名称，因此可以与数轴上的对应点相关联。

- 整数可以写成分数形式（例如，$4 = \frac{4}{1}$，$-2 = -\frac{8}{4}$）。

- 百分数是小数的另一种写法，它将部分与整体比较，整体是 100，因此可以与数轴上的对应点相关联。

- 百分比与整体的大小有关。

大概念 2

十进制计数法：十进制计数法是一种使用数字 0-9 十个基本数，用十进为一组和位值来记录数的方案。

数学理解的例子：

（1）正整数。

- 数可以用物体、字母和符号来表示。

- 对于任何数，都可用含有多少个一、十、百等表示出来。

- 小数点向右移动一位相当于原数的 10 倍（例如，$100 = 10 \times 10$）。

- 可以把 0 到 9 任何一个数相加组合得到数的值。

- 当使用位值解释数时，必须将十、百等视为单个实体（例如，100 是一个计数单位，它表示 10 个 10 或 100 个 1）。

（2）小数。

- 小数的位值是正整数位值的扩展。

- 十进制计数法无限延伸到非常大和非常小的数（例如百万分之一）。

大概念 3

等值性：任何数、度量、数值表达式、代数表达式或方程可以进行等量代换。

数学理解的例子：

（1）数和计算。

● 数可以以无限多的方式分解成若干部分。

● 数可以使用位值以等值方式命名（例如，2 个百加 4 个十等于 24 个十）。

● 数的表达式可以以无限多不同的等值方式命名 [例如，$\frac{4}{6} \div \frac{2}{8} = \frac{2}{3} \div \frac{1}{4} = \frac{2}{3} \times \frac{4}{1}$；同样 $26 \times 4 = (20+6) \times 4$]。

● 小数可以用无穷多个不同等值方式命名（例如，$0.3 = 0.30 = 0.10 + 0.20$）。

（2）数论与分数。

● 每一个合数都可以表示为若干质数之积，而不必考虑顺序（算术的基本定理）。

● 每一个分数 / 比率都可以由一组不同但相等的分数 / 比率表示。

（3）代数表达式和方程。

● 代数表达式可以用无数不同的等值方式命名 [例如，$2(x-12) = 2x-24 = 2x-(28-4)$]。

● 一个给定的方程可以用无穷多个具有相同解的不同方法表示（例如，$3x-5 = 16$ 和 $3x = 21$ 是等价方程，它们有相同的解：$x = 7$）。

（4）单位换算。

● 可以使用不同的单位（例如，2 英尺 3 英寸 = 27 英寸）以等值方式表示测量值。

● 一天中给定的时间可以用多种方式表示。

● 对于大多数货币金额，有不同但有限的货币组合，显示相同的金额。

大概念 4

比较：数、表达式和度量可以通过它们的相对值进行比较。

数学理解的例子：

（1）数和表达式。

- 一对一的对应可以用来比较集合。

- 数轴上一个数右边的数是较大的数。

- 数可以用大于、小于或等于来比较。

- 通过重复进行成对比较，可以对三个或更多的数进行排序。

- 通过分析相应的位值，可以比较正整数和小数。

- 可以使用大于、小于或等于比较数值和代数表达式。

（2）分数、比率和百分比。

- 部分与整体的比较可以用分数来表示。

- 比率是两个量相比较的结果；不同类型的比较都可以用比率表示。

- 比率给出了被比较的数量的相对大小，而不一定是实际的大小。

- 等级是比较不同数量的比率的特殊类型。

- 百分数是一种特殊类型的比率，其中一部分与整体的100进行比较。

- 事件的概率是一种特殊类型的比率。

（3）几何和测量。

- 长度可以用长、短、相等来比较。

- 质量 / 重量可以用更重、更轻、相等等概念来比较。

- 面积、体积、容量和温度的度量可以用大于、小于、相等概念进行比较。

- 事件的持续时间可以用长、短、相等等概念进行比较。

- 角度可以用大于、小于、相等等来比较。

大概念5

运算意义与关系：相同的表达式（如 $12-4=8$）可以与不同的现实情况相关联，不同的表达式可以与相同现实情况相关联。

数学理解的例子：

（1）整数。

● 一些涉及连接、分离、部分－部分－整体或比较的问题可以使用加法来解决；其他的可以用减法来解决。

● 减法是加法的逆运算。

● 任何减法计算都可以通过减数相加来解决。

● 添加大于零的数量得到的总和大于任何加数。

● 从另一个正整数中减去一个正整数（0除外）得到的差值小于被减数。

● 关于求等组的和、分为相等的组、比较或组合的实际问题可以使用乘法来解决；另外的可以用除法解决。

● 除法是乘法的逆运算。

● 任何除法运算都可以用乘法来解决。

● 两个大于1的正整数相乘得到的乘积大于两个因数中的任何一个。

● 整数运算法则与正整数运算法则相同。

（2）有理数（分数和小数）。

● 对正整数进行加减运算的运算法则适用于对分数、小数进行加减运算。

● 正整数和分数（小数）、分数（小数）和正整数、分数和分数（小数和小数）的乘积都可以与表达不同的现实世界相关联。

● 分数（小数）的除法运算与表达不同的现实世界相关联。

● 分数和小数的加减运算法则与正整数的加减运算法则相同。

● 两个真分数的乘积，每一个都小于1，小于任何一个因数。

大概念6

属性：对于给定的一组数，有一些关系总是正确的，这些是算术和代数运算中的规则。

数学理解的例子：

（1）运算规则。

● 整数的性质某些运算适用，某些运算不适用（例如，可交换性质适用于加法和乘法，不适用于减法和除法）。

- 两个数可以以任何顺序相加；两个数可以任意顺序相乘。
- 一个数与零的和还是这个数；任何非零数和 1 的乘积都是这个数。
- 三个或三个以上的数可以分组并以任何顺序相加（或相乘）。

（2）等值性。

- 如果等式两边加减的实数相同，则等式保持不变。
- 如果等式两边乘或除以相同的实数（不是除以 0），等式保持不变。
- 两个数量等于第三个量，那么这两个量相等。

大概念 7

基本事实和算法：有理数运算的基本法则是使用等值原理让计算变得更简单。

数学理解的例子：

（1）心算。

- 数的关系和序列可用于心算（多一个，少一个；多十，少十；30 比 28 大 2；从 50000 可以一千一千地数 49000，48000，47000……）。
- 数可以被分解并以不同的方式分组，从而使计算更简单。

（2）正整数的基本事实和算法。

- 利用一些基本的加法和乘法规则，可以将未知事实与已知事实联系起来，通过已知事实，获得未知的答案。
- 通过思考相关的加法运算法则可以发现减法运算法则。
- 通过思考相关的乘法运算法则可以发现除法运算法则。
- 当 0 除以任何非 0 的数时，商为 0，0 不能为除数。
- 加法可以用来检验减法，乘法可以用来检验除法。
- 逢十进一是计算系统的重要基准，考虑数逢十进一的关系可以使加减法更容易。
- 当除以正整数时，有时会有余数，余数必须小于除数。
- 解决问题时，现实情况决定了余数需要如何理解和处理。

（3）有理数的算法。

● 具有不同分母的分数被转化为具有相同分母的等值分数，以便进行加减运算。

● 两个分数的乘积可以通过分子相乘和分母相乘得到。

● 一个分数除法计算可以变成一个等值的乘法计算（例如，$\frac{a}{b} \div \frac{c}{d} = \frac{a}{b} \times \frac{d}{c}$，其中 b、c、$d \neq 0$）。

● 除法中，通过将除数和被除数进行适当的十进制变换，变成与正整数除法等值的计算。

● 小数表示的货币数量可以使用与正整数相同的算法进行加减。

（4）测量。

● 长度运算的算法是有理数算法的改进。

● 长度测量（英尺和英寸）可以加减，其中 1 英尺等于 12 英寸。

● 以分钟和秒为单位的时间可以加减，其中 1 分钟等于 60 秒。

大概念 8

估算：数值计算可以通过用其他相近且易于心算的数字来代替进行近似计算。测量过程中，可以使用已知的参考值作为单位来近似测量。

数学理解的例子：

（1）数值。

● 用来进行估算的数决定了估算值是高于还是低于准确答案。

● 除法算法利用数值估计和除法与乘法之间的关系来求商。

● 像 $\frac{1}{2}$（0.5）和 $\frac{1}{4}$（0.25）这类最简分数可以用来估计涉及分数和小数的计算。

● 估计可以用来检查用纸笔或计算器等方法所求答案的合理性。

（2）测量。

● 长度、面积、体积和质量 / 重量的测量可以适当使用已知参考资料进行估计。

● 给定区域内的大量对象可以通过计算子区域内的对象数量并乘子区

域的数量来进行估计。

大概念 9

模式：数学情境中，以一种可预测的方式呈现的一些数或物体可以被归纳出规律和可描述的关系。

数学理解的例子：

- 在数轴上间隔数数可以生成数字模型。
- 十进制记数法结构产生了许多数字模型。
- 乘法的乘积中有 0、1、2、5 和 9 的模式。
- 使用十进制，正整数和小数相乘或相除时会出现一些模式。
- 某些序列中连续项之间的差是常数。
- 在某些序列中，连续项的比率是一个常数。
- 模式中的已知元素可用于预测其他元素。
- 一些几何对象的序列以可预测的方式变化。

大概念 10

变量：可以使用变量、表达式和方程抽象地转化、表征数学情境与结构。

数学理解的例子：

- 数学中使用字母来表示概括性、方程中的未知数和量之间的关系。
- 一些数学短句可以用代数表达式表示（例如，比一个数小 5 可以写成 $n-5$）。
- 一些问题可以用代数表达式来表示（例如，苏珊的身高是汤姆的两倍，如果 T = 汤姆的身高，那么 2T = 苏珊的身高。）
- 代数表达式可以用来概括平面上物体的某些变化。

大概念 11

比例：如果两个量成正比例变化，则这种关系可表示为线性函数。

数学理解的例子：

- 比例是数量的乘法比较。
- 比例给出了被比较的数量的相对大小，而不一定是实际的大小。
- 通过找到第二个项为 1 的等值比例，可以将比值表示为计量单位。
- 比例是关系之间的关联。
- 如果两个量成正比例关系，对应项的比值是常数。
- 如果两个量成正比例关系，则常数比率可用最简形式（组合单位）或单位量表示；常数系数是相关线性函数的斜率。
- 可以有几种解决比例问题的方法（例如，求单位量、叉乘）。
- 当以有序对（第一项，第二项）的形式绘制等比值项的图形，并将这些点连接起来时，会得到一条直线。
- 如果两个量成比例的关系，那么这两个量要么成正比例关系（一个量增加，另一个量也随之增加），要么成反比例关系（一个量增加，另一个量随之减少）。
- 比例尺图中有相似的图形，相似图形的对应部分是成比例的。
- 在任何一个圆中，圆周长与直径之比都是相同的，用圆周率表示。
- 比率可用百分比和概率这样的比例形式关联。

大概念 12

关系和函数：使用数学规则（关系），可以把一个集合中的元素对应于另一个集合中的元素。函数这个特殊的规则，让一个集合中的每个元素，在另一个集合中都有唯一的元素与之对应。

数学理解的例子：

- 数学关系可以用单词、表格、图表和方程来表示和分析。
- 在数学关系中，一个量的值取决于另一个量的值。
- 关系中数量的性质决定了输入和输出什么值是合理的。
- 关系图可以根据一个量的变化相对于另一个量的变化来分析。
- 可以通过分析关系图来确定关系是不是函数。

- 在 $y=ax$ 的线性函数中，a 是变量常数，表示 y 对 x 的变化率。
- 一个线性函数的解在作图时形成一条直线。
- 水平线的斜率为 0，而垂直线没有斜率。
- 函数方程中的参数以可预测的方式影响函数图形。

大概念 13

方程和不等式：数和代数的规则可以与等式的概念一起用于转化方程和不等式，从而求解。

数学理解的例子：
- 方程的解是使方程成立的未知数的值。
- 等式和可逆运算的性质可用于生成等价方程并求解。
- 求解方程的技巧首先是将方程转化为等价方程。
- 线性或二次方程的一个或多个解可以在有序对表或相关函数的图中找到。
- 求解方程的技巧可以应用于求解不等式，但涉及负数时，需要考虑不等式符号的方向。

大概念 14

形状和立体图形：有或没有曲面的二维和三维物体都可以通过它们的特性来描述、分类和分析。

数学理解的例子：
- 点、线、线段和平面是空间物体的核心属性，现实世界的情况可以用来考虑这些属性。
- 多边形可以由它们的边和角度来描述。
- 多边形可以由其他多边形构造或分解为其他多边形。
- 三角形和四边形可以根据其边的相对长度和角的大小来描述、分类和命名。

- 所有多面体都可以完全由它们的面、边和顶点来描述。
- 一些形状或形状的组合可以放在一起而不重叠，以完全覆盖平面。
- 对大多数形状和实体进行分类的方法不止一种。

大概念 15

方位和位置：空间中的物体可以有无数种方向，物体在空间中的位置可以被定量描述。

数学理解的例子：

（1）直线和线段。

- 同一平面上的两条不同的线要么平行，要么相交；空间中两条不同的线平行、相交或异面。
- 平面上两条相交的线形成的角有特殊的联系（如对顶角）。
- 可以使用多角度描述角的开口大小。
- 有些角根据它们的位置或度数有特殊关系（如互补角）。
- 在平面上，当一条直线与两条平行线相交时，形成的角有特殊关系。

（2）物体。

- 物体的方向不会改变物体的其他属性。
- 笛卡尔坐标系统使用两条相交于 0 点的垂直数轴来命名点在平面上的位置；该系统可以扩展到空间中点的命名。
- 平面上的每一点都可以用一对有序的数唯一地描述，第一个数表示在水平数轴上距 0 左右的距离，第二个数表示在垂直数轴上距 0 上下的距离。

大概念 16

转换：空间中的物体可以用无数种方式进行转化，这些转化可以用数学方法描述和分析。

数学理解的例子：

- 图形通过平移、旋转和对称保持一致。
- 相似形（更大或更小）对应的边成比例，对应的角全等。
- 代数表达式可用于概括平面内物体的转换。
- 有些形状可以分成两半，其中一半正好在另一半的上面折叠（线对称）。
- 有些形状可以绕着一个点在不到一个完整的旋转周期内旋转，并准确地落在自己的上方（旋转对称）。

大概念 17

度量：物体的某些属性是可测量的，可以使用单位量进行量化。

数学理解的例子：
- 测量包括一个物体的选定属性（长度、面积、质量、体积、容量）以及被测量物体与相同属性的元素的比较。
- 测量单位越大，测量出的物体含有的单位就越少。
- 要测量的属性的量级和所需的精度决定了所需测量单位的匹配性。
- 周长一定时，面积可以是零。周长一定和边数一定时，这个边数的正多边形面积最大。

大概念 18

数据收集：有些问题可以通过收集和分析数据来解答，所要解答的问题决定了需要收集哪些数据以及如何最好地收集数据。

数学理解的例子：
- 一个适当选择的样本可以用来描述和预测总体。
- 样本的大小决定了样本数据反映总体的程度。

大概念 19

数据表征：可以使用表格、图表和图形可视化地表征数据。数据的类型决定了可视化表征的最佳选择。

数学理解的例子：

- 每种类型的图表最适合特定类型的数据。
- 能够在数据中观察到规模影响模式。

大概念 20

数据分布：有专门的测量方式来描述集合的集中和离散。

数学理解的例子：

- 数值集合的最佳描述符（例如，均值、中位数、模式）是由数据的性质和要回答的问题所决定的。
- 异常值以不同的方式影响平均值、中位数和模式。
- 通过数据分布数值测量，增强了对数据的解释。

大概念 21

概率：事件发生的概率可以用 0 到 1 之间的数来描述，并用于对其他事件进行预测。

数学理解的例子：

- 概率可以为预测提供基础。
- 有些概率只能通过实验来确定。
- 肯定会发生的事件总是会发生（概率是 1），不可能的事件永远不会发生（概率是 0）。

2. 数学学科的 16 个大概念

《中小学数学教学的发展》（*Elementary and Middle School Mathematics Teaching Developmentally*）一书中提出的 16 条数学大概念也会给我们带来很多启发。

（1）发展早期的数概念和数感；

（2）发展运算含义；

（3）培养基本事实的流利性；

（4）发展整数位值概念；

（5）发展加法和减法计算的策略；

（6）发展乘法和除法计算的策略；

（7）代数思维、方程和函数；

（8）发展分数的概念；

（9）发展分数运算；

（10）发展小数和百分数的概念和小数计算；

（11）比率、比例和比例推理；

（12）发展测量概念；

（13）发展几何思维和几何概念；

（14）发展数据与统计概念；

（15）探索概率的概念；

（16）发展指数、整数和实数的概念。

之所以在这里把 21 个和 16 个数学大概念完整展示出来，目的是让读者了解数学大概念。尽管国外的数学标准、数学教材与我国的都不相同，但是数学文化与数学思想是跨越国界的。有的数学老师苦于数学课程无法构建大概念，有了这个样板之后，相信数学老师都可以根据自己的教学理解与实践来着手构建自己的学科大概念并落实到自己的教学设计与实施中去。以上分析主要基于国外研究成果。国内研究虽然没有明确提出以学科大概念为体系，但是，取得的一些研究成果，特别是优秀教师的研究成果也会给我们建构自己的学科大概念带来重要的启示。

（三）以大概念"和"为核心的小学数学知识结构

笔者研究了特级教师马芯兰的小学数学教学与研究成果，发现马老师虽然没有提基于大概念的教学，然而，她的研究思想和实践与基于大概念的教学所倡导的一脉相承，马芯兰老师的教学实践可以作为以大概念统领教学的典型案例[①]，也成为证明基于大概念的教学具有重要意义与价值的现实例子。

马芯兰老师以"和"的概念，抓知识的内在联系，建立知识网络。"和"这个概念是小学数学知识的核心。在学生学习"10以内数的认识"时就开始逐步建立"和"的概念。通过渗透"和"的概念，学习"10以内数的认识""加、减计算""理解加减关系""弄清求和、求剩余应用题结构"。当出现两个或两个以上加数都一样的时候，开始认识"相同加数""相同加数的个数"，逐渐过渡到学习"乘法意义"。以此为概念的核心理解乘法口诀及其意义，学习有关乘除法应用题及计算。从"和"的概念中可以引出两个不等的数量相比较而出现"同样多""差"的概念，"较大数"是由和"较小数"同样多的数还有比"较小数"多的数合并起来的，"较小数""差"相当于"较大数"里的一部分。同时理解有关"差"的应用题的数量关系。若"差"和"较小数"同样多，则引出"倍"这一核心概念，以"倍"为核心理解"倍"的应用题的数量关系。"小学数学概念间的关系"如下图所示：

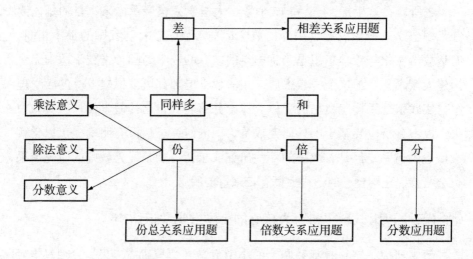

以"和"的概念为核心的"小学数学知识网络（部分）"，如下页图所示。

---

① 温寒江.小学数学教学与创新能力培养：马芯兰教学法的研究与实践［M］.北京：北京科学技术出版社，2006.

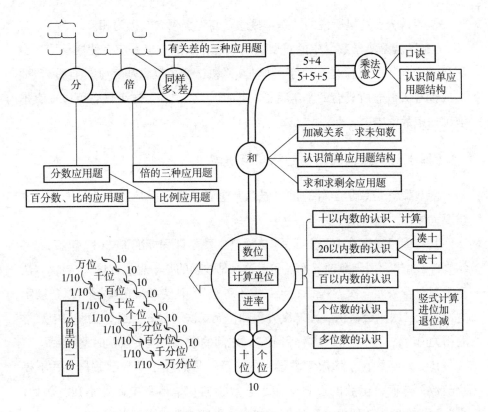

反之，以"较小数"为一倍数，"较小数"是"较大数"若干份中的几份，"较小数"是"较大数"的几分之几，从而以"份""分数意义"为核心学习"分数应用题""计算""百分数""比的应用题""比例应用题"。

同样在学习"10以内的数的认识"时开始渗透"数位""计数单位""进率"的概念。如知道10中的1表示一个十，0表示个位上没有，以此为核心学习"20以内数的认识""百以内数的认识""多位数的认识"，同时以"数位""计数单位""进率"为核心学习有关的计算。然后通过对"十进关系"的理解自然推演到"小数"。

马芯兰老师认为："把最基本的、起决定作用的概念、法则、原理放在教学的中心位置。概念分为基本概念和一般概念，基本概念概括性强，它蕴含的思维方法可以运用（迁移）到具有共同思维方法的其他概念（一般概念）中去，使后学的知识变得容易接受和理解，这样就可以起到举一反三、以一带十的作用。"

笔者认为，这里所说的"基本概念"与"大概念"极为相似。

"和"就是小学数学中的重要的大概念，虽然这里并没有使用动词，也不是一个句子，仅仅是一个字，但是，"和"这个概念却完全具有整合性、生成性等大概念所具有的基本特征。推而广之，"和"这个概念可以一直推演到初中数学中去。

（四）对函数相关内容的认知与解读

函数概念是数学学科的重要概念。笔者认为这就是数学学科中的一个重要大概念。理由如下：

其一，课程标准中的要求。《普通高中数学课程标准》（2017 年版 2020年修订）指出"用函数理解方程和不等式是数学的基本思想方法"，要求"从函数观点看一元二次方程和一元二次不等式"，认为单元的学习可以帮助学生用一元二次函数认识一元二次方程和一元二次不等式。通过梳理初中数学的相关内容，理解函数、方程和不等式之间的联系，体会数学的整体性。

其二，函数在小学数学教学中的渗透。虽然在小学数学教材中并不提及函数，然而，函数的思想却在小学数学的知识体系中无处不在。例如，小学数学中关于正比例、反比例的知识，乘船或者坐车问题等。

其三，函数本质的教学贯穿于从小学至大学。来看一下史中宁教授的分析：函数教学首先遇到的问题是学生在初中已经学过函数的概念，是用变量关系讲授的，高中又要通过对应关系重新定义函数，这是为什么呢？重新定义是必要的吗？在过去的数学教育中，教科书没有论及这个问题，因此在教学过程中也不涉及这个问题，于是给学生留下了一个错误认识，即函数有两个定义，这两个定义是有区别的，都是应当记忆的。可以看到，这样的教学活动无法让学生理解函数概念的本质，更无法让学生感悟数学的基本思想，形成和发展数学核心素养。

事实上，对于函数的概念，对应关系实现了更高层次的抽象。在变量关系的函数定义中，我们仍然可以感知物理背景，一个量变化另一个量也随之变化。甚至可以通过表达式来感知这个变化。因为有具体的背景，这样定义的函数是直观的，在初中阶段也是合适的。但是，凡是具体的就必然会出现特例，比如，通过变量关系定义的函数判断不了这样的问题：一个函数是 $f(x)=\sin^2 x+\cos^2 x$，另一个函数是 $g(x)=1$，这两个函数的表达式不同，就是两个不同的函数吗？通过对应关系的函数定义就可以对这个问题进行判断了：这两个函数是同一个函数，因为定义域相同，对应关系相同。通过这样的教学，学生可以知道用对应关系重新定义函数是必要的，从而感悟函数的本质是对应关系，理解研究函数的性质必须注意函数的定义域。通过这个过程，可以感悟数学抽象的层次性，知道数学抽象使得数学概念具有了一般性。这就是培养学生核心素养的教学。

进一步，为什么在定义中要求实数集合到实数集合的对应呢？过去高中数学教学也不论及这个问题，但这个问题是本质性的。如果按照变量关系定义函数，当自变量 x 是角度时，$\sin x$ 是函数，但这时的角度不是实数，无法进行诸如 $x+\sin x$ 之类的计算。作为函数的三角函数，自变量就不能再是常规定义的角度，必须是实数。这就要求用长度刻画角的大小，比如用角所对应的单位圆的弧长来刻画角的大小，这就是弧度制。

更进一步，如果不用实数与实数的对应关系，有些函数就很难表达清楚，比如狄利克雷函数。此外，在高中数学中还要接触一个重要极限，这就是 $\sin x$ 与自变量之比，当自变量趋于 0 时，极限为 1。这时的函数必须是实数与实数的对应，因此，在函数概念的教学中突出数学的本质，才能让学生感悟数学的思想，形成和发展数学核心素养。

这就要改变教学设计的思路，不能像传统的数学教学那样，按照每一节课或每一个知识点进行教学设计，而应当把一些具有逻辑联系的知识点放在一起进行整体设计。这是因为，对于数学的内容，很难通过一节课或一个知识点把数学的本质表达清楚，比如上面说到的函数的概念。无论是把这个整体称为"单元"还是"主题"，总之，都要把这些内容融为一体进行教学设计，并且付诸实施，这样才能在关注知识技能的同时，认真思考数学的本质，体现数学思想，培养学生的数学核心素养。①

初中数学老师在教授函数这一内容时，发现学生在理解函数的定义时

---

① 史宁中. 高中数学核心素养的培养、评价与教学实施［J］. 中小学教材教学，2017（5）：4-9.

感到吃力，这往往成为教学的难点所在。从大概念视角思考，破解这一难题可以从小学做起。如果小学数学老师有大概念思想和意识，便可以在教学生学习正比例、反比例或者乘车、船问题时有意识地渗透函数思想。那么，学生升到初中学习函数时，因为有了很好的铺垫，再学函数的定义会变得容易得多。大概念思维其实就是站在课程与学科的视野上，不局限于一节课、一个单元，而是引领老师与学生持续地理解学科本质，理解学科中最重要的大概念。学科学习有一定的规律，对学科核心概念的理解总是从低到高螺旋上升的，比如物理学科的力学、热学、光学、电学，从小学科学课，到初中、高中、大学的物理课，是一个明显的螺旋上升的排列方式。

三、语文学科大概念

有些跨学科的大概念同样适用于语文学科。比如哲学观念，就是适合于多种学科的跨学科概念。又如"批判性思维"，也是适用于多学科的。

（一）提炼语文学科大概念的路径

语文学科内部的大概念可以从语文学科本质出发进行构建。学科大概念的建构要基于如下几个方面：

一是研究课程标准，特别是要把握学科核心素养、学业质量标准的相关要求。

二是研究教材，部编教材的双线组元方式为语文学科大概念的构建提供了一定的参考与借鉴价值。

三是研究教学参考书等各类课程资源。

四是研究学情，分析学生已有的知识结构与心理状态。

那么，如何发现和提炼语文学科的大概念呢？下面结合李卫东老师提炼出来的语文学科大概念（大观念）进行介绍。

李老师认为，对于语文学科而言，最为核心的大概念是围绕"内容和形式"的概念性关系、"语言和思维"的概念性关系的理解，这是指向语文学科思想和学科思维的本体性的大概念，而具有教学操作性的是"学习任务群"层面的、学习单元层面的大概念。下面以部编高中语文教材必修上册第六单元为例分析确定单元大概念的方法。

第一，深入分析教材。

教材"单元提示"中指出："学习本单元，以'学习之道'为核心，通过梳理、探究和反思，形成正确的学习观，改进学习方法，提高学习能力。"其中，"学习之道"是单元的人文主题，本单元的六篇文章都关乎"学习之道"。有了"学习之道"这个人文主题，六篇课文及其他学习材料才得以聚合起来，学习讨论的话题、议题、情境才得以创建。

分析到这里，有的老师可能认为"学习之道"是不是就可以作为本单元的大概念呢？

不可以。因为"学习之道"是一个大的人文话题和概念，没有揭示出语文学科核心素养中的关键能力，没有揭示出本单元所处"思辨性阅读与表达"学习任务群关键的概念性关系和理解。

笔者认为，李老师提到的这个人文主题分析思路，是不少教师在寻找学科大概念时常有的误区。主要是分析学科大概念时浅尝辄止，把教材中表面的内容，直接拿来作为学科大概念处理。初中、小学部编语文教材采取双线组元的方式，一条线是"人文素养"，一条线是"语文要素"，这样编排的优势是教学重点比较突出，老师们教学有抓手，但是，也不能简单地将教材中提供的这两条线的内容认定为是大概念，还需要深入地分析研究是不是语文学科思想和学科思维的本体性的大概念。如何深入分析呢？这就需要研读课程标准以及辅助性课程资源。

第二，课程标准研读。

课程标准中对"思辨性阅读与表达"学习任务群的"教学提示"是这样表述的："以专题性学习为主。选择日常生活和学习中、历史或当今社会中学生共同关心的话题，要求学生通过阅读与鉴赏、表达与交流、梳理与探究等语文学习活动，阅读古今中外典型的思辨性文本，学习并梳理论证方法，学习用口头与书面语言阐述和论证自己的观点，驳斥错误的观点。""教学过程中要注重对学生思维过程和思维方法的引导。注意发展学生的辩证思维和批判性思维，注意学生思维的逻辑性。"

第三，再次反扣教材。

教材在"单元提示"及课文的"学习提示"中都反复提到针对性。老师们请注意，这里分析出的针对性，教材中虽然有提示，但并没有用红字或黑体字特别标出，也不可能标出，要想把针对性提炼出来，需要依靠老师备课的眼力与思考力。

研究教材仅研究"单元提示"是远远不够的，最根本的功夫还在于教师对教材单元中遴选篇目深入透彻地研究与思考。"单元提示"中所说的针对性，具体到单元学习篇目中是怎样体现的呢？

我们再来看李卫东老师借助教师教学参考用书所进行的分析：针对性就是"有的放矢"。如《劝学》是针对浅尝辄止、急躁冒进的风气有感而发，也离不开荀子"化性起伪"的理论背景；《拿来主义》则给几种对待外来文化的极端做法"立此存照"，针砭时弊，鞭辟入里。论述有针对性，必然还要有概括性。针对具体的现象、问题说起，就不能简单地就事论事，而要透视现象，把问题说透。论述的概括性就是指分析问题有穿透力，提炼观点有概括力。本单元的《劝学》《师说》《反对党八股》《拿来主义》都针对当时的现象、问题、风气说起，有很强的现实针对性，但又都不囿于一时一事，而是站在历史文化的高度，分析问题的根源，指出问题的本质，抽丝剥茧、刨根问底，具有高度的理论概括性，于是就有了超越历史的思想意义和实践价值。

基于此，本单元学习的大概念宜确定为"论述既要有针对性也要有概括性，两者是对立统一的"，这指向可迁移的"思辨读写"的核心概念和关键能力。

主题不见得是大概念。比如某语文单元的主题是"春天"，但是学科大概念或许是"比喻、拟人等修辞手法对景物描写的作用"。

下页表为李卫东老师梳理概括出的"部编高中语文教材必修上册单元逻辑结构"示例[①]。

---

① 李卫东. 大观念和核心学习任务统领下的大单元设计 [J]. 语文建设，2019（11）：11-15.

单元序号	人文主题	大观念	知识、概念	技能、策略
第三单元	生命的诗意	情感抒发与诗体形式的关联	古体诗、格律诗、魏晋诗歌、唐诗、宋词、诗体、风格流派、豪放、婉约、写景、咏史、抒情、比兴、白描、典故、叠字、韵律、节奏	诵读涵泳，发挥联想和想象感受诗歌的意境之美，借助诗体知识欣赏诗歌独特的艺术魅力，借助知人论世、以意逆志等方法把握诗歌内涵
第六单元	学习之道	论述的针对性与概括性的统一	论述的针对性与概括性、观点、态度、经验、列举、概括、逻辑思路、思考角度、论述方法、比喻论证、对比论证、举例论证	钩玄提要，分类辨析，概括梳理，以"学习"做专题拓展阅读，联系当今社会"学习"的问题开展讨论和辨析，有针对性、有条理地表达观点
第七单元	自然情怀	审美旨趣对自然景物的投射	情景交融、情理结合、景物、形象、意蕴、意境、哲理、审美旨趣、审美心理	比较分析不同作家笔下的景物呈现出的不同形象、色彩和情调，把课文当"情文"反复朗读，感受独特情味和言辞之美，结合作者的人生经历理解文章所表现的审美倾向和审美趣味

（二）语文学科的大概念例举

美国特拉华州的语言大概念清单：

（1）听众和目的（如告知、说服、娱乐）会影响文学技巧的使用（如风格、语气、单词选择）。

（2）作家并不总是直接说出他们的意思。间接表达形式（例如讽刺）要求读者在字里行间的阅读中找到隐藏的含义。

（3）标点符号和语法规则就像高速公路的标志和交通信号灯。它们指导读者阅读全文，以帮助避免混淆。

（4）作者根据自己的目的选择一种形式。

（5）作家的观点受他的经验影响。

（6）语言惯例可帮助读者理解所交流的内容。

（7）有目的地使用和不使用语言约定有助于读者理解。

（8）作者对单词的选择和语法的运用构成了文本的基本特征，不同的做法形成了个性化的文本。

笔者与课题研究团队的老师们在研究过程中，归纳梳理了部分语文学科的大概念。比如，部编教材有不少的小说单元，说起小说，有的老师必然面面俱到地教小说的三要素"人物、情节、环境"，学生从小学到初中，把小说三要素学习了很多遍，但并不深入。在备课过程中，我们提炼出小说教学的如下大概念：

（1）虚构性是小说的重要特点。

（2）故事、情节、细节是小说中表达人物形象的基本维度。

（3）小说情节的展开，一般分为开端、发展、高潮、结局四个部分。有时还有序幕和尾声。

（4）情节运行推动故事发展。

（5）情节的安排并不一定按照现实生活中的事件发生、发展的自然顺序，有时可以省略某一部分，有时也可颠倒或交错。

（6）故事情节来源于生活，它是现实生活的提炼，它比现实生活更集中，更有代表性。

（7）小说的场景和细节描写中蕴含着丰富的感情。

（8）环境描写可以渲染气氛，烘托人物形象，推动情节发展，深化作品主题。

（9）人们可以通过小说中典型人物的镜子，看到、理解类似的人。

（10）小说塑造人物，可以以某一真人为模特儿，综合其他人的一些事迹。

这样的规律可以迁移应用，使学生拿到一篇新的小说时，可以使用规律性的方法进行分析。我们课题组在研究过程中，力求概括梳理小学、初中、高中部编教材的大概念，并以大概念为统帅，进行大单元教学设计。我与山东省泰安岳峰小学和济南历城实验小学的老师们一起研究时，曾经研究了小学部编教材的部分大概念。我们概括出的部编小学语文三年级下册第一单元的大概念为：多感官观察有利于把事物写清楚。散文中的客观事物是作者寄托情感和态度的载体。部编语文八年级下册第五单元主要内容是游记写作，笔者跟山东省潍坊歌尔学校的齐鲁名师李波老师有过一些碰撞与探讨，总结出来的大概念是：寻踪觅迹与品赏感悟的一体。

"部编语文七年级下册单元知识结构"示例如下：

单元序号	人文主题	大概念	知识、概念	技能、策略
第一单元	名人风采	1.关键词句是指那些或者在文章结构上具有重要作用，或者能够揭示全文主旨，或者具有深刻含义的语句。2.关键词句或段落含义深刻，妙趣无穷。	细节描写可以塑造人物特征，表达思想感情。对比、衬托、正面描写与侧面描写相结合。副词、介词。	精读，通览全篇，把握关键词句或关键段落。写出人物精神。
第二单元	家国情怀	1.直接抒情，也叫直抒胸臆，是直接对人物和事件等表明爱憎态度的抒情方式。2.间接抒情，就是不直接抒情，而是在叙述、描写、议论中渗透自己的情感。	抒情方式，即抒发感情的形式，大致可分为直接抒情和间接抒情两类。分析式批注，概括式批注，评价式批注，感想式批注。叙述视角。叙事民歌。连词，排比。	精读，批注。用简练的语言写下自己的感悟、理解和评价。学习抒情。
第三单元	凡人光辉	1.关键词句背后隐含着深层意蕴。2.小说作者一般将主题隐藏在人物的性格命运之中或人物关系背后，小说主题需要读者去揣摩感悟。	细节描写是对人物、景物、事件等表现对象的真实刻画，有真实、典型、生动的特点，起到以小见大、画龙点睛的作用。回忆性散文。叹词和拟声词。	文本细读，把握文章重点。感受文言表达的简洁之美。抓住细节。圈点与批注。

技能、策略（右侧合并列）：
1.抓住关键词句理解文本。2.朗读。3.默读。4.读与写相结合。

单元序号	人文主题	大概念	知识、概念	技能、策略	
第四单元	中华美德	略读是选择文章阅读重点的重要方法。	略读方法。助词，"铭""说"知识，语言风格。	略读，确定阅读重点，复述，主旨理解，写心得，评价人物，写人记事。选材。	1. 抓住关键词句理解文本。2. 朗读。3. 默读。4. 读与写相结合。
第五单元	哲理光彩	景物描写具有交代环境，渲染气氛，烘托人物，寄托作者思想感情，推动情节发展等作用。	状物散文，托物言志散文。托物言志，借景抒情。插叙。并列短语，偏正短语，主谓短语。	比较阅读。观察，联想。文从字顺。	
第六单元	探险精神	浏览时要抓住主要信息，概括内容要点，厘清故事情节。	传记文学，科幻小说，笔记小说，他传、自传，环境描写，心理描写。动宾短语，补充短语。	浏览，速读，每分钟不少于400字。质疑思辨。勾画，整合理解。语言简明。	

四、英语学科大概念

英语学科与语文学科同属于语言类，学科大概念有相似之处。根据王蔷教授等人的研究成果，英语学科大概念可作如下呈现[①]：

（一）加拿大英属哥伦比亚省外语课程中的大概念

加拿大英属哥伦比亚省外语课程中的大概念在各个年级是类似的，可以归纳为三个主题类别：

主题1：语言输入、互动和输出机会——有目的地听和看（输入），互

---

① 王蔷，周密，蒋京丽，闫赤兵.基于大观念的英语学科教学设计探析［J］.课程·教材·教法，2020（11）：99-108.

相交流（互动），表达自己（输出）。

主题2：故事是整体意义的载体。

主题3：语言学习中的文化意识建构和身份认同发展。

这些大概念在不同年级表现出进阶的学习方式，体现出大概念需要持久理解的特色。如下是上面三个主题在不同年级的表述。

五年级：

主题1：有目的地听与看促进新语言习得。语言和非语言信息线索都有利于对语言意义的理解。使用高频词和句式可以帮助实现互动交流。

主题2：故事促进语言习得。

主题3：我们可以通过新语言探索我们的身份。每个文化都有不同的传统和庆祝方式。

六年级：

主题1：有目的地听与看帮助我们理解信息。使用高频词和句式可以帮助实现互动交流。

主题2：故事帮助我们学习语言，了解世界。

主题3：了解不同文化群体的语言可以帮助我们发展文化认知。我们可以通过新语言探索我们的身份。

七年级：

主题1：有目的地听与看可以帮助我们不断理解更多信息。互动交流帮助我们理解和获得语言。

主题2：故事帮助我们学习语言，了解世界。（同六年级）

主题3：了解不同文化群体可以帮助我们发展文化认知。加深对一门新语言的理解可以帮助我们探索身份和所在地理环境。

八年级：

主题1：有目的地听与看帮助我们习得和理解新语言。我们可以用新语言表达自己，谈论身边的世界。随着流利度增强，我们可以更加积极地参与互动交流。

主题2：我们可以通过故事分享我们的经验和观点。

主题3：创作性的作品是语言和文化的表达。学习新语言和文化能够帮助我们深入了解自己的语言和文化。

九年级：

主题1：有目的地听与看帮助我们习得和理解新语言。谈论我们关注的事情可以激励我们学习一门新语言。

主题2：我们可以通过故事分享我们的经验和观点。（同八年级）

主题3：创作性的作品可以帮助我们体验和称赏文化多样性。学习新语言可以帮助我们用新视角探索自己的身份和文化。

十年级：

主题1：有目的地听与看帮助我们习得和理解新语言。用新语言表达自己和与人对话时，需要勇气、冒险和毅力。

主题2：故事是我们理解意义、反思意义的独特方式。

主题3：文化表达有多种方式。习得新语言可以获得和不同文化群体接触和交流的独特机会。

十一年级：

主题1：有目的地听与看帮助我们习得新语言。交流的环境决定我们如何表达自己。

主题3：探索文化的不同表达可以加强我们对自己文化身份的理解。语言与文化互相联系，塑造我们的观念、身份和话语。获得新语言可以提供职业、旅行、个人发展和海外学习的机会。

十二年级：

主题1：语言学习是终生事业。有了更高的语言能力，我们可以更细微、更清晰地讨论和支持我们的观点。

主题3：探索文化表达的多样性帮助我们更好地理解和欣赏世界文化。用新语言分享我们的情感、观点和观念帮助构建我们的身份。有了更高的语言能力，我们可以更好地探讨国际事件。

（二）《普通高中英语课程标准》（2017年版 2020年修订）中的大概念

课程标准指出，学科核心素养是学科育人价值的集中体现。英语学科核心素养主要由语言能力、文化意识、思维品质和学习能力四方面构成。

　　课程标准从学科本质、课程内容和课程实施三个视角，围绕三个主题，即英语课程与学科育人、语言学习与主题意义探究、语篇与语言学习活动，从宏观、中观、微观三个层次展现了重要的大概念网络结构，体现了对英语学科的本质、内涵、原则和方式的深层次认识，成为落实英语学科核心素养的目标。

　　（1）学科本质视角：体现英语课程应遵循的原理、原则和理念。

　　主题1：英语课程与学科育人（宏观）。

　　英语课程具有工具性和人文性融合统一的特点；语言既是交流的工具，也是文化的载体和思维的工具；英语课程应以德育为魂、能力为重、基础为先、创新为上。

　　主题2：语言学习与主题意义探究（中观）。

　　语言学习是以主题为引领、以语篇为依托、以活动为途径的整合性学习；语言学习是为了理解和表达意义，更好地认识自己、认识他人、认识社会和认识世界，维持有效的人际沟通和文化理解；语言学习是学生主动参与的实践过程，由意义与兴趣驱动，具有关联性、实践性、应用性、渐进性和综合性的特点。

　　主题3：语篇与语言学习活动（微观）。

　　语篇是意义的载体，基于语篇的学习帮助我们了解世界、了解自己的语言和文化，并用新视角探索自己的身份和文化；语言不能脱离文化而存在，语篇在表层上由语言构成，在深层上由文化内容构成；语篇按照其特定结构，将语言与文化融合在一起；基于语篇的语言学习活动是学生在特定情境中，学习和运用语言知识、语言技能和学习策略，理解和表达观点、情感和意图的过程；语篇具有特定的文体结构和语言特征，分析语篇的结构和语言特征有利于学生加深对主题意义的理解，提高表达技巧。

　　（2）课程内容视角：体现英语课程的内容选择原则、构成要素及各要素之间的关系。

　　主题1：英语课程与学科育人（宏观）。

　　英语课程内容由主题语境、语篇类型、语言知识、文化知识、语言技能和学习策略六要素构成；课程内容是发展学生学科核心素养的载体；课程内容具有结构化、整合化、情境化的特点。

主题2：语言学习与主题意义探究（中观）。

语言学习应围绕主题意义，建立内容要素之间的有机关联，改变教学内容的碎片化现象；主题为学科育人提供范围和语境，语篇为学习语言和文化知识提供文体素材，语言所承载的文化和知识是形成文化意识的基础，语言技能和学习策略是发展语言能力、探究主题意义的手段和条件；语言学习是学生在主题意义引领下，运用语言技能和学习策略，获取语言和文化知识，阐释文化内涵，比较文化异同，涵养内在精神的过程。

主题3：语篇与语言学习活动（微观）。

语篇的选择应尽量贴近学生生活和时代，涵盖多种类型，包括多模态语篇；语篇在特定主题语境下，承载语言知识和文化知识，传递文化内涵、价值取向和思维方式；学习和使用不同类型的语篇，能提高学生表达和交流的有效性；深入研读语篇，明确教学核心内容，挖掘语篇育人价值，是教师开展有效教学的重要前提。

（3）课程实施视角：体现课程实施中应遵循的原则、理念和方法。

主题1：英语课程与学科育人（宏观）。

英语学习活动观是落实学科核心素养、优化教学方式、提升教学效果的有效途径；学生基于意义探究获得中外优秀人文和科学知识，比较和探究文化内涵，从而形成跨文化意识、发展跨文化交流能力、涵养人文和科学精神、坚定文化自信；教、学、评一体化是实现英语学科核心素养培养目标的保障。

主题2：语言学习与主题意义探究（中观）。

语言学习是学生围绕主题意义，从已知出发，通过学习理解、应用实践和迁移创新等活动，实现语言能力、文化意识、思维品质和学习能力一体化发展的过程；在语言学习中，学生以自主、合作和探究的方式，通过师生、生生和生本间有意义的互动交流，获得知识、提升技能、发展思维、塑造品格；评价是语言学习的必要组成部分，师生应同为评价的主体，通过形成性和终结性评价，为调整教与学提供依据和方向。

主题 3：语篇与语言学习活动（微观）。

语言学习需要充分并有意义的语言输入，语言的理解和表达在互动中形成，通过持续的学习获得发展；语言知识的学习应融入语篇、语境和语用之中；语言学习活动是学生基于语篇和主题语境，在教师的指导下主动探究意义的过程；检验教学是否有效的唯一标准是学生能否整合性地运用所学内容，阐释对语篇主题的深层次认知，有理有据地表达个人观点和态度，体现正确的价值判断。

五、其他学科大概念

（一）历史学科大概念

参考北京教育学院方美玲老师的研究成果，梳理历史学科的大概念如下：

"历史概念"包括基本概念、核心概念和一般史实概念（如"王安石变法"）等具有上下逻辑的概念。其中，基本概念是最上位的概念；"文化与文明"中的六个重要概念（发展趋势与阶段特征、历史线索、文明成果、历史现象、历史事件、历史人物）属历史学科核心概念。它们处于学科的核心，并能超越课堂之外，在学生发展中具有持久价值和迁移价值。

《普通高中历史课程标准》（2017 年版 2020 年修订）指出：唯物史观是揭示人类社会历史客观基础及发展规律的科学的历史观和方法论；了解唯物史观的基本观点和方法，包括人类社会形态从低级到高级的发展、生产力和生产关系之间的辩证关系、经济基础和上层建筑之间的相互作用、人民群众在社会发展中的重要作用等，理解唯物史观是科学的历史观；能够正确认识人类历史发展的总趋势；能够将唯物史观运用于历史的学习与探究中，并将唯物史观作为认识和解决现实问题的指导思想。

唯物史观的基本观点既综合了历史学科的研究对象、内容与目的三者的关系，也体现了历史学科时间与空间、文化与文明、延续与变迁、实证与思辨、客观与价值这五对基本概念的内在联系。唯物史观是马克思主义哲学的重要组成部分，以哲学方法论的形态、用跨学科的方式贯穿于整个历史学科，并以历史规律具体内容的样貌呈现，具备"数量很少且高度抽象，可用一个概念解释所有的事物"的特征。因此可以确定，唯物史观的基本观点就是位于历史学科顶层的历史学科大概念。

方美玲老师总结了"历史学科大概念，历史学科研究对象、内容与目的，历史学科基本概念，历史学科核心概念的关系"，如下图所示。

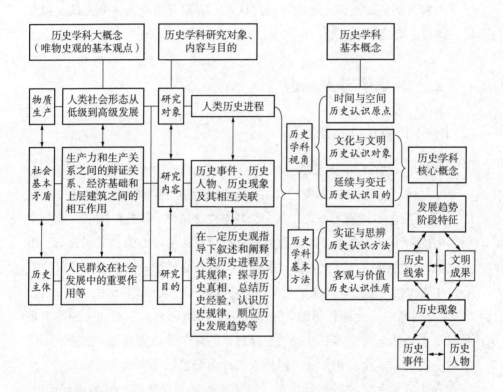

唯物史观的基本观点统摄历史学科基本概念、核心概念和史实概念、基本史实，成为联结历史学科内外层级知识结构的轴心。"历史学科大概念与历史知识层级结构的关系"如下页图所示。其中的社会科十大跨学科主题（源自《美国国家社会科课程标准：卓越的期望》，包括：文化；时间、连续与变化；人、地与环境；科学、技术与社会；全球联系；个体发展与认同；个体、群体与公共机构；权力、权威与管理；生产、分配与消费；公民理想与实践），成为将"哲学思考"作为方法论认识学科大概念、历史学科视角、核心概念和方法的中介，构成唯物史观基本观点的若干要素维度。①

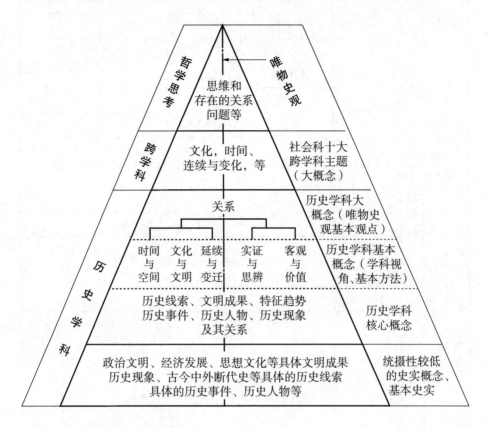

（二）物理学科大概念

高中物理核心概念是建立物理观念的基础。根据修订版课程标准，我们可以确定三个高中物理大概念：物质、运动与相互作用、功与能量。从这三个大概念出发可以建立物质观、运动与相互作用观和能量观。

我们可以试着从这三个大概念出发，去建构"高中物理概念体系"（见下页表）。②

① 方美玲.历史学科大概念的确立及其教育价值［J］.历史教学，2020（6）：3–11.

② 曹宝龙.用大概念教育促进高中物理观念的形成与发展［J］.物理教学探讨，2019（1）：1–6，11.

核心概念	物质	物质存在	固体	晶体				
				非晶体				
			液体	表面张力				
			气体	气体定律	统计解释			
			电磁场	电场	电场强度			
				磁场	磁感强度			
		物质属性	原子	核式结构	原子核	核子		
					电子			
			电荷	电容				
				电流	电阻	电阻率		
			物质波					
			波粒二象性					
			折射率					
	运动与相互作用	运动	机械运动	直线运动	匀速运动	位移		
						速度		
						加速度		
					简谐运动	振幅		
						机械波	周长	
							波长	$v=\lambda/T$
							波速	
				曲线运动	抛物运动	v变		
						a恒定		
					匀速圆周运动	线速度		
						角速度	$\omega=2\pi/T$ $v=r\cdot\omega$	
						周期		
			电磁运动	电磁振荡	电磁波			
			热运动	分子运动理论				
				压强解释				

				行星运动			
			万有引力定律	宇宙速度			
		引力	重力				
			弹力	表面张力			
				胡克定律			
		电磁力	摩擦力	动摩擦力			
运动与相互作用	相互作用			静摩擦力			
			电场力				
			磁场力				
		强相互作用	核力	裂变			
				聚变			
		弱相互作用					
		冲量	动量	动量守恒	弹性碰撞		
核心概念					非弹性碰撞		
		功	机械功				
			电功				
			动能定理				
	功与能量		机械能	动能			
				势能	重力势能		
					弹性势能		
		能量	电磁能	电磁感应	电能	变压器	
				电势能	电势差		
				原子能	跃迁	发光原理	
			核能	核能 $\Delta E = \Delta mc^2$			
			热能	热力学第一定律			
				热力学第二定律			

曹宝龙老师进一步论述了一些概念貌似看上去没有什么关联，但它们背后可能存在很有意义的联系。例如，我们可以把初中物理（科学）的密度概念扩大，从一维密度、二维密度、三维密度到四维密度进行深刻的理解，就可以更进一步深度理解平常说的密度（质量／体积）概念。描述电线上鸟的疏密程度（一维）、田野里昆虫的密度（二维）、空气质量指数（颗粒物的体密度，三维）等都可以用密度来表示。因此，密度是一个大概念。其实，课本上密度定义式表示的是关于质量的体积密度，即物质质量的三维密度。同理，我们可以把压强（压力／面积）理解成力的面密度的大小，力的面密度越大，压强就越大，针尖刺物时力的面密度极大；还可以用雨滴的面密度的大小来客观表达下雨大小的程度；用电场线的面密度（通过的电场线的总量／对应面积）表示电场强度；用磁感线的面密度（磁通量／面积）表示磁感应强度。因此，我们把密度看成是反映物质某种特性的疏密程度的话，它就是一个大概念。

这个案例给我们的启示在于教师是否真正能够通过大概念思维把相关的知识与概念关联起来。

（三）政治学科大概念

譬如，《生活与哲学》中的学科大概念"运动着的物质世界一定具有可以认识和利用的规律"，揭示了物质、运动、规律之间的有机联系。又如，《政治生活》中的学科大概念"我国的国家性质决定我国的政治生活"，揭示了我国政治生活发生发展的根本原因，运用这个大概念有利于比较好地解释我国的内政外交政策。

第三章
基于大概念的单元教学设计优化

学科教学作为基本教学形态，在学校教育中占据重要地位，对学生核心素养培育具有重要意义。随着形势发展，从学生核心素养到学科核心素养研究已成为课程改革深入推进的内在要求，发展学生核心素养的具体任务必须落实到学科核心素养上。

一、基于大概念单元学习设计基本框架

单元，在《现代汉语词典》（第7版）中，是这样解释的："整体中自成段落、系统，自为一组的单位（多用于教材、房屋等）"。这里所说的单元学习的"单元"是指教师根据课程标准、教材等课程资源以及学生学习的需要，自主创设的指向学科核心素养培育的具有一定共同性的学习内容构成的学习单位。也就是说，单元是指基于一定的学科目标或经验主题的学习单位，它既可以是教材中的自然章或单元，也可以是围绕学科大概念重构的学习内容。因为大概念具有高度的概括性，需要借助大量的学习活动帮助学生不断强化理解，因此，传统的一课一得的教学方式已经不适合，需要采用相对时间比较长、整合度更高的单元学习模式。大概念是设定单元教学目标的锚点，是选择单元教学内容的标准，是组织单元教学过程的核心，是评价教学效能的依据。

大概念正成为学科课程单元设计的关键词，一些综合课程单元设计往往围绕大概念来开展，尤其在 STEM 教育中，大概念被广泛地应用于单元设计。

依据国家政策文件、课程标准、教材、学情、课程资源等，参考由威金斯（Grant Wiggins）与麦克泰格（Jay McTighe）提供的应用逆向教学设计的课程方案，下表所展示的"单元整体学习三步骤模板"[①]具体地解释了三个阶段的内涵。

阶段一：确定学习目标（Desired Results）	
确定学习目标（Established Goals）： 课程设计工作处理哪些相关的目标（如学科课程标准）？	
理解（Understandings）： 学生将会理解…… 1. 哪些是大概念？ 2. 期望学生理解的是哪些具体的大概念？	核心问题（Essential Questions）： 哪些有启发性的问题可以增进探究、理解、学习迁移？
学生将知道……（Student will know …） 学生将能够……（Student will be able to …） 通过本单元的学习，学生将知道些什么，能做什么？ ……	

阶段二：设计评价活动（Assessment Evidence）	
表现性任务（Performance Tasks）： 1. 学生将通过哪些真实的任务来表现期望的学习结果？ 2. 用哪些标准来判断理解能力的表现？	其他证据（Other Evidences）： 1. 学生将通过哪些其他的证据（如随堂测验、正式测验、开放式问答题、观察报告、家庭作业、日志等）来表现期望的学习结果？ 2. 学生将如何反思、评价自己的学习？

阶段三：制订学习计划（Learning Plan）
学习活动（Learning Activities）： 哪些学习活动和教学活动能使学生达到期望的学习结果？"WHERETO"设计模型： W=怎样帮助学生知道这个单元的方向和对学生的期望，帮助教师知道学生之前的知识和兴趣（where）？ H=怎样引起（hook）所有学生的兴趣并加以维持（hold）？ E=怎样使学生做好准备（equip），帮助他们体验（experience）关键概念并探索（explore）问题？

---

① Grant Wiggins, Jay McTighe. *Understanding by Design (Expanded 2nd Edition)* [M].Upper Saddle River, NJ: Prentice Hall, 2005.

阶段三：制订学习计划
R＝怎样给学生提供机会反思（rethink）及修正（revise）他们的理解和学习？ E＝怎样促进学生评价（evaluate）自己的学习及学习的涵义？ T＝怎样依学习者的不同要求、不同兴趣、不同能力进行因材施教（tailor）？ O＝怎样组织（organize）教学活动，使学生的专注和学习效能达到最大程度并得以维持？

我们课题研究团队研发了"基于大概念的单元整体学习设计模型"，见下表。

学科		单元名称		总课时	
执教教师		可多人执教，每人执教不同课型。			
相关学科		跨学科融合内容分析。			
单元内容解析	课程标准	学科核心素养要求；单元、学期、学年、学段要求；学业质量水平要求。			
	教材	所使用版本的全方位分析；不同版本教材分析。			
	课程资源	搜集所有可利用的资源。			
	学情	前测。学生问题单：你能提出什么问题？小组讨论后还有什么问题？			
大概念		学生需要持久理解的是什么？			
相关概念与知识		围绕大概念的概念群与知识。形成知识结构。			
单元学习目标		3～5条，阐明预期的学习成果是什么。可测量，可操作。			
核心问题或驱动性问题		为了让学生能很好地理解大概念而设计的问题。问题设计指向大概念。			
表现性任务或大任务		设计真实的、现实的任务，其完成情况表现了达到预期学习成果的水平。 完成任务的过程有助于对大概念持久理解。 有让学习可见的证据：测试卷、思维导图、研究报告、手工作品、演讲稿等。 可使用"WHERETO"模型进行设计： W：知道预期目标、去哪儿（where）； H：引起（hook）兴趣并维持（hold）；			

表现性任务 或大任务	E：准备（equip），体验（experience），探索（explore）； R：反思（rethink），修正（revise）； E：评价（evaluate）； T：因材施教（tailor）； O：组织保障学习效果（organize）。 学习方式：自主、合作、探究。
课时安排	第 1 课时：解决子问题一，完成子任务一。 第 2 课时：解决子问题二，完成子任务二。 第 3 课时：解决子问题三，完成子任务三。 …… 各子问题都指向核心问题，形成"问题链"；各子任务环环相扣，都指向表现性任务或大任务。
成果与评价	每项预期成果是否达成？子问题是否解决？子任务是否完成？核心问题是否解决？表现性任务或大任务是否完成？ 在学习重点、难点处设计评价量规、学习支架。 纸笔测试。
反思与改进	提取的大概念是否合理？核心问题、表现性任务、嵌入式评价是否指向目标达成，是否有利于学生持久理解大概念？

"逆向教学设计的逻辑"可以简化为下图所示：

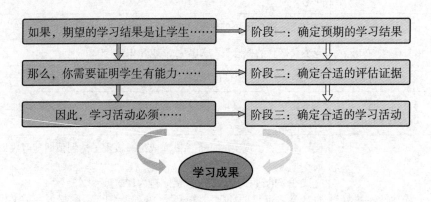

基于大概念的单元整体学习设计，主要设计如下几方面的内容：

● 单元名称。应简洁明了，如部编版高中语文必修上册第三单元。

● 课时安排。注明学习时间是多少课时，如 10 课时。

● 单元目标。呈现学习结果，3～5条，可测量，可操作，可评价；明确期望学生掌握哪些大概念，整合三维目标，指向学科核心素养；相互之间有一定的关联性。

● 学习过程。大情境、大概念、大问题、大任务（表现性任务）统领各课时学习内容和活动，分解为课时目标、子问题、子任务；提供资源支持与学习支架；对于预习，要定内容、定时间；让学生经历真实的自主、合作、探究过程，用高阶任务驱动低阶学习。

● 嵌入式评价。教学评一致；可根据学情实施多元评价、多主体评价。

● 作业。巩固练习与拓展提升。可设计长期作业。

● 学习反思。对照素养目标，设计学后反思的方法与路径，引导学生反思学习策略与效果，查缺补漏。

"基于大概念的单元整体学习设计基本框架"，参见下图。

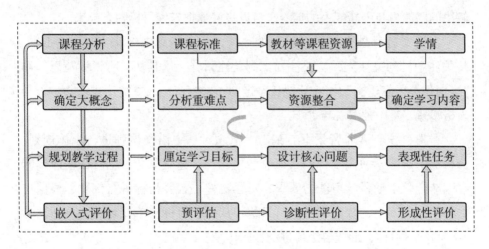

在逆向教学设计中，首先要有目标的设计，其次是活动的设计，再次是评价的设计。评价的设计，这里采用"嵌入式评价"的说法，意即评价是嵌入在整个教与学的活动之中的，体现了教学评的一致性。

下面以初中语文学科为例分析基于大概念单元学习设计的重要意义。一个大单元如果没有大概念作为一种聚合的"透镜"，一篇篇课文就可能只是浅显地、表面地关联，不能从本质上有深度地组织起结构化的知识。教师教的往往是碎片化的知识，这样的知识不能进行深度迁移和运用。

语文教育在人的发展中具有基础性与奠基性作用，对学生终身发展意义非凡，同时，语文教育承载着继承和弘扬民族优秀文化的重要使命，国民整体语文素养体现了国家的文化自信和软实力。基于大概念，促进学生的结构化学习，引领学生走向深度学习。

（一）指向核心素养的学习目标重构

我们需要对单元学习目标进行重构。在我国，学习目标从双基目标（基础知识、基本技能），发展到三维目标（知识与技能、过程与方法、情感态度与价值观），现已走入了核心素养目标时代。过去，一度有教师按三维目标的三个维度设计学习目标，三维目标原本是融合的，却被割裂开来，且这一做法持续了很长时间。学科核心素养背景下的目标比三维目标更加丰富和深刻，更加强调学科性知识与实践性知识的相辅相成，更加注重学生解决问题能力与创新能力的培养，可以更好地把三维目标融合起来。

在语文教育越来越受到重视的今天，应重新思考未来人才培养目标：从关注学科到关注人，从关注知识到关注素养。这是从"听说读写思"和"字词句篇语修逻文"相互分裂状态走向了融合统一，更加注重能力培养与人格塑造，是一种发展与进步。

在学科核心素养背景下，基于大概念对初中语文课程进行整体规划，分析初中阶段学习内容中的大概念、概念群，建立概念地图。依据课程标准，结合学生学科学习能力要求，对学科核心素养目标进行细化，根据初中各年级的不同，从高到低进行重构：从课程目标到单元目标，再到教学目标与学习目标，形成层级递进的目标体系。

就言语能力目标来说，主要表现为对汉语言文字的积累、正确理解和熟练运用的能力，分为心智技能和操作技能，有内隐与外显之分。要熟悉汉语言特点，形成个体的语言经验，培养语感，有效进行语言交际、沟通。言语能力是学生思维品质的外在表现。语文思维水平与学生能否真正分析问题、解决问题密切相关，学生需要修炼思维的整体性、深刻性、创造性。学生的学习不是单项的"吸入式"，而是伴随着学习成果的"产出式"，学生不断产生自己的学习作品：演讲论辩、心得体会、总结报告、调研结论、论文成果等。学生多元化的成果表达是言语能力的外在表现。学生在学习鉴赏优秀文学作品的过程中，感受汉语独特的美，提高审美能力，培养审美情趣和对祖国语言文字的热爱。

就人文素养目标来说，语文学习更重要的目的是传承中华民族传统文化，增强民族文化自信，提高文化修养，同时尊重、学习其他民族文化，汲取其精华。我们要培养学生完善的人格与健全的精神，提高学生的综合修养水平与素质，使学生举止文明、谈吐儒雅，提高社会化程度，理解人类的生存意义，追求人生美好境界。只有当语文学科知识、语文学科能力与学生精神成长充分融合，学生的语文素养才能切实得到提高。在学习中，让学生学会监督、调控自我学习行为，培养元认知策略，提升自我效能感，提高自主管理能力，把知识转化成智慧，把学问转化成道德，从而提升民族精神，拓展民族智慧，弘扬民族文化。

（二）单元学习设计的依据

初中语文课程整合除了把国家教育方针政策和课程标准作为参考标准与依据外，我国学生发展核心素养及语文核心素养也是重要参照指标。同时，课程整合重要的是课程资源整合，教材意义重大，分析学习内容的学科大概念是一个重要的抓手。特别值得注意的是，部编语文教材不仅质量得以提升，而且为校级层面课程整合预留了很大空间，创造了良好条件。温儒敏教授指出：部编语文教材格外注重让语文课往课外阅读延伸，往学生的语文生活延伸。初中几乎每一课都有往课外阅读延伸的设计，安排了"名著导读""古典诗文诵读"等栏目，建构了"教读—自读—课外阅读""三位一体"的教学结构。温教授明确提出，光是教课文、读课文是远远不够的，他建议教师用"1+X"的办法，即讲一篇课文，附加若干篇课外阅读文章。

教材的这种开放格局，为课程整合提供了思路和方法。例如，在七年级上册第三单元的"名著导读"栏目，介绍了鲁迅的作品《朝花夕拾》，除了大段的文字介绍之外，还有"读书方法指导""专题探究""精彩选篇"，这为教师指导学生的整本书阅读提供了极好的指导意见。

（三）初中、高中一体化要求

伴随着高考综合改革的深入推进，对接高中分层分类选课走班，语文核心素养培育必然要求初中、高中教育一体化，初中语文核心素养培养指向应与高中具有较强的一致性。也就是说，学生对大概念的学习应是螺旋上升式的，初、高中一体化的。2020年1月教育部考试中心发布了《中国高考评价体系》和《中国高考评价体系说明》。高考改革带动中考改革，中考改革的趋势是从注重死记硬背、机械训练向注重考查学生的创新精神、实践能力等核心素养指标过渡，将向初中语文学业水平考试方向发展。学生对汉语言文字的正确理解和熟练运用能力成为进一步强化考查的重要内容。笔者对各省语文中考试卷分析后发现，多数试卷不再针对教材原文出题，而是注重考查学生的综合能力，侧重语文知识在生活中的运用。这种倾向今后会表现得更加突出，会在试题中得到充分体现。例如："班上准备召开名著阅读经验交流会，分享同学们名著阅读的经验。请以你读过的一部名著为例，写一段话，简要介绍你阅读名著的经验。""学校校刊准备开辟'走进博物馆'的栏目，分享同学们参观博物馆（或纪念馆）的收获。校刊主编向同学们征稿，请你写一篇稿件，简要写出参观某座博物馆（或纪念馆）后，你最大的收获是什么，是怎样收获的。请以'读书·实践·收获'为题目，写一篇文章。"[①]

由此，指向学科核心素养的中考"指挥棒"让初中语文课程整合这一任务显得更加迫切与必要。

二、基于大概念单元学习设计实施方法

基于大概念课程整合的目的是使碎片化的知识系统化，让知识在有机关联中呈现，改进学生学习。单元教学设计不应盲目整合，一定要紧扣课程标准与教材要求，尊重学生的身心发展逻辑与知识的梯度逻辑。单元学

---

① 顾之川.语文考试改革新进展［J］.语文学习，2017（3）：7-10.

习设计的具体实施方法，归纳起来大体有如下几方面：

（一）多元化单元学习设计模式

1. 以学习内容为主整合设计

一是学科内部内容。梳理学科内部逻辑关系，进行学科内部整合，寻找合适的整合点，厘清知识之间的关联性。主要有如下几种模式：

（1）文体整合。现实中，有的教师文体意识不强，无论讲什么文体，都是差不多的讲课程序——学习字词、介绍作者、写作背景、段落大意之类，这对语文教学危害不小。教师要重视文体特色，给学生适当补充相同或相近文体的选文。如，人教版九年级上册附录里有"谈谈小说"的文体知识内容，可把教材内容作如下整合：把人教版九年级上册的《我的叔叔于勒》和下册的《变色龙》《孔乙己》整合在一起，作为小说单元进行学习。从文本特点和单元目标要求出发，再整合进鲁迅的作品《药》《狂人日记》《阿Q正传》进行拓展阅读。让学生重点了解文体归属、作用、功能，同时关注作者的人生、语言特色等，这样更容易激发学生的学习兴趣，引领学生探究文体奥秘、美感。

（2）主题整合。通过删减、融合、增补、重组，形成主题教学。如，语文版七年级下册第五单元说明文中有《桥梁远景图》一文，而人教版八年级上册第三单元说明文有《中国石拱桥》《桥之美》等篇章，可整合设计关于"桥"的主题课程。

（3）作者整合。苏轼作品在人教版中主要有八年级上册的《记承天寺夜游》《浣溪沙》，八年级下册的《水调歌头（明月几时有）》，九年级上册的《江城子·密州出猎》《浣溪沙（簌簌衣襟落枣花）》，将这些课文进行整合，再补充苏轼的其他部分作品，同时给学生推荐林语堂的《苏东坡传》和康震的《康震评说苏东坡》，形成"苏轼专题"，让学生对苏轼进行全面系统了解，引领学生了解苏轼其人、其事、其情，以人物的人格魅力引领学生的精神成长。

（4）读写整合。写作教学历来是语文教学的难点，也是教材编写的弱项。部编教材已在这方面有所突破，七年级两个学期一共设计了12次12个主题的写作课，每单元一次。其中一个主题是"写人要抓住特点"，根据选文内容突出一种写作特点，这种颇具实操性的指南方便教师在教学中落实，也为课程整合提供了可选择的视角——根据写作要求整合课程。

（5）整本书阅读。制订出读整本书翔实的课程方案，让整本书阅读进入学生课程表。在与学生、家长等多方协商的基础上为学生分年级开出选读书目，对于特殊学生还要开出个性化的读书目录。除了保证足够的读书时间，更要确保教师在认真备课基础上有效指导。要为学生设计"阅读出口"，给学生展示平台与空间，如剧本表演、手抄报比赛、读后感交流、论坛沙龙等，让学生表达读书感想，分享阅读收获。读与写、读与口语交际、读与综合能力提升相结合，真正发挥阅读的作用。

二是跨学科内容。语文学科具有较强的统整性，与其他学科都有联系。寻找学科间联结点，立体、客观、多角度和多层面整合课程，多学科交叉，将语文教学活动与艺术、哲学、科学等进行有机整合。在体现人文性、审美性的同时，不忽视哲学与科学的理性启迪。从静态的方法性知识到实践的方法性知识，每一个学科领域的佳作都是学习语言的范本，都可以发挥独特的语文素养提升功能。如，语文戏剧课程就是一种典型的跨学科整合，其中综合了口语交际、社会交往、创造性体验、表演技巧等内容。

2. 以综合实践活动为主整合设计

课程整合寻求人、社会、课程的协调发展，以提高课程的整体性、针对性、适切性和有效性。课程不再是学科的总和，而是媒体资源、社会资源、大自然万物等各种资源的有机整合。世间万物都可成为学生学习语文的老师，学习时空得到了极大扩展。采取综合活动课程、研究性学习课程、主题课程等多种活动方式，将书本知识学习与实践结合，将课内与课外结合，将知识与生命体验结合。让课程回归学生的生活世界，建立知识与学生、社会的联结，赋予教育以生活意义和生命价值。到博物馆、纪念馆参观，感受历史，增长见识；到图书馆、艺术馆吸取知识，接受熏陶；开展寻访家乡名人、优秀文化传统的活动，文化旅游与访学相结合；开展社会公益活动；等等。

3. 以学生发展需求为主整合设计

课程必须基于学生学情，为学生发展服务。就像医生基于对病人的诊断开出药方，教师要根据对学生的了解建设课程，从学生需求出发分类设计课程。如，初中语文课程可以重新梳理整合成四个难度层次，让学生自主决定自己选修哪个层次，实行动态管理，为学生学习潜能发挥提供充分条件。更个性化的课程是为每一个学生量身定做。如果有学生对阅读唐诗宋词或诵读兴趣浓厚，学校就应为学生创设研究唐诗宋词或学习诵读的氛围和条件。更进一步，教师要善于发现每一位学生学习中的特长与闪光点，想方设法让学生的长处更长，把学生的长处用到极致，把这一特长发展为学生一生的最爱。如，为某一位学生开设专场朗诵会，为某一位学生设立《三国演义》研究专题讲座，为某一位学生设立"×××同学文学研究室"，让有书法特长的学生为学校题写校名等。

（二）基于大概念的学生学习方式重构

每位教师的每节课是学科核心素养落实的具体阵地，因此，基于大概念的学科核心素养转化落实聚焦到教师的教与学生的学上。学生的语文素养是在丰富的语言实践活动中建立起来的。

1. 综合运用多种学习方式

把新课程所倡导的自主、合作、探究学习综合运用，把有意义的接受学习和自主探究式学习相结合。学生的学习表现出"创客式"的特点：个性化的一人一课表学习；发挥生命潜能的忘我投入学习；师生相互创造的心灵成长学习；产出丰硕成果的创新性学习。

可借助现代信息技术手段，获取丰富的网络学习资源，线上与线下学习相结合，随时随地自主获取知识。建立班级网页、开通博客、创建微信QQ群等，实现交互学习。面对大量信息，培养学生选择自己最需要的个性化学习内容的能力。采用表达与交流等"输出式"学习方式，如语用表达可以从推进深度阅读、文章评论、文本批判与鉴赏等方面来锻炼。还可以倡导游戏化学习方式。《红楼梦》中的少男少女在海棠诗社中的吟诗作赋，在餐桌上的行酒令，在节日中的猜谜语、写诗词等，有一种游戏特质，大家倾情投入，如醉如痴，在本真的生命状态下，妙词佳句不断涌现。这是一种令人向往的学习情景。

2. 进阶式学习

有学者提出了"学习进阶"（learning progressions）概念，"对学生在一个时间跨度内学习和探究某一主题时，依次进阶、逐级深化的思维方式"进行描述。学习进阶的起点是学生的前认知，中间发展阶段帮助学生的思维方式形成递进的脉络，连贯、逐渐深入地对大概念分析解读，从而达到期望的学习目标——终点。这之于课程整合的借鉴意义在于：摸清语文核心素养和语文关键知识的关联性，弄清语文关键能力的发展脉络，明确学生的学情，提出符合学生认知水平的结构化学习框架，制定出不同年级段学生应达到的层级标准。借鉴网络游戏中的"晋级制"，进阶式学习与信息技术相结合，仪器自动记录学生的学习轨迹，达到一定程度后，会晋升到不同等级，以此激励学生保持进取心。

3. 深度学习

我们要引领学生走向深度学习。"教育领域的深度学习是一种基于理解与迁移的学习方式，是指学习者能够批判性地学习新思想和事实，并将它们融入原有的认知结构中，能够在众多思想间进行联系，并能够将已有的知识迁移到新的情境中，作出决策和解决问题。"[1] "深度学习能引起学生在知识、态度、技能等方面的整体改变，使学生在身体、智力、情感、审美、道德和精神方面获得全面成长。"[2] 这体现在：能够形成结构化知识；在学习过程中获得愉悦的情感体验；从学习本身获得乐趣。项目式学习、结构化

---

① 何玲，黎加厚. 促进学生深度学习：计算机教与学 [J]. 现代教学，2005（5）：29-30.
② 张诗雅. 深度学习中的价值观培养：理念、模式与实践 [J]. 课程·教材·教法，2017（2）：68.

学习、研究性学习有利于培养学生的学术素养，是深度学习的较佳方式。

（三）基于大概念多样化单元学习设计形态

以语文学科为例，语文核心素养落细、落小到每一个教学专题、每一类教学内容乃至每一堂课，不可能有固定模式，必须形成多样化的课程形态和单元教学设计。从学校课程管理角度来说，单元教学设计要有制度建设做保障，在制度的框架下学生实行分层、分类、选课走班学习等。学校课程组织形态发生变化，实行扁平化组织结构，每个学生都有自己的课程计划，采用混龄教学、弹性学制，根据学生能力而非学生年龄安排教学，更好地满足学生个性化发展需求。构建完整的课程体系，通过基础性课程、拓展性课程、特需性课程等不同层级的课程统整语文课程。不同的课程类型共同指向基于核心素养的课堂教学改革与课堂文化重建。在语文教育中，整合读书、思考、辩论，锻炼学生策划、组织、演讲的能力，综合运用哲学、文学、艺术，让课程的深度、宽度、高度、含金量都在学生的切实成长中得到提升。

整合后的单元教学应遵循学科核心素养培养逻辑，呈现出结构化、系统化、生活化、活动化的特点，更好地处理学生学习知识与素养培育之间的关系。单元教学设计与语文核心素养培养的关联性是重要指标。如，有效地指导学生进行语言实践应用的知识非常重要，但在以往的教学设计中却极为缺乏，这在单元教学设计中要特别进行补充。语文课程标准要求：能利用图书馆、网络搜集自己需要的信息和资料帮助阅读。我们要清晰地说明学生应该怎样搜集信息和资料，如何使用图书馆、网络，具体使用什么样的工具。在教学设计中，要为学生创设实践机会，让学生在实际操作中真正培养出信息搜集整理能力。关于综合性语文课程学习，要特别注意不能偏离语文的专业轨道，让学生以掌握语文本体知识为本。整本书阅读方面要评估是否建立起自成体系的教学方法与监督手段，还学生真正的阅读。整合后的课程更加注重语文学科知识的逻辑性、一篇带多篇的主题阅读和读写结合，这在课时量保持不变的前提下，对课堂教学效率提出了新要求。课程的丰富性为学生提供了多样化选择，多种机会并存，学生必须审慎地分析自己的兴趣爱好、职业倾向、气质特点等，为自己的学习选择最佳课程内容。

三、基于大概念单元学习设计案例分析

（一）部编语文教材七年级下册第三单元案例分析①

大概念是语文知识的核心，是教学目标的指向点，是设计语文活动的中心点。基于大概念的单元教学设计的目的是创造优质的教学，通过核心问题、表现性任务设计，引领学生从浅层次的抄写、描画进入深层次的分析与综合，有利于学生开展积极的言语实践活动，指向语文学科核心素养发展。因此，基于大概念的单元整体学习设计越来越得到提倡和受到重视。下面以部编语文教材七年级下册第三单元为例进行分析。

1. 大概念的教学价值与单元学习的基本特点

（1）大概念的教学价值。

不同学者从不同角度对大概念教学进行了探讨，大概念处在学科中心，是一门学科为数不多的核心概念，因此在学科中具有重要地位，能够对众多知识概念进行融合和统领，有助于把零散的知识聚合起来，形成知识的结构，促进学习者对知识的深层理解与迁移。大概念教育理念自提出以来受到教育界广泛关注，成为推进现代教育发展的需要。大概念研究已从讨论中观的课程问题走向了更为聚焦的教学层面，渗透在教学法、课程内容与评测三个维度。这意味着以大概念为统领的教学受到了极大重视。

（2）单元学习的基本特点。

单元作为课程开发的基础单位，源于十九世纪赫尔巴特学派的戚

---

① 该单元课例在"2021年度本真教育课程与教学变革论坛暨全国本真教育研究第五届年会"上进行了展示，受到了普遍好评。执教者：精读导引课，蔺芳华；自读学习课，孟锦；读写结合课，亓艳；拓展提升课，本书作者徐洁。前三位都是山东省济南市莱芜陈毅中学的语文教师，课题研究团队成员。

勒，之后美国发展出基于思维过程组织教材单元的编制原理。单元设计一般遵循"ADDIE 模型"，即从分析（analysis）、设计（design）、开发（development）、实施（implement）到评价（evaluation）的整个过程。[①]

单篇教学中，教师局限于把每篇课文教得细致、具体，或直奔语言训练点，寻求答案的短平快，或面面俱到，或重复教学，却不关心学生是不是能够将所学的知识融会贯通。对同一作者、同一类型、同一体裁的文章，不关心学生是否学会了触类旁通。学生学习碎片化知识，无法形成知识的完整结构，迁移能力弱。单元教学设计重视学生的语言实践，把单元内的文章看作有机联系的整体，用大概念统帅，围绕目标，结合学生的认知特点和生活实际，创设真实情境，通过让学生完成表现性任务，给学生自主、合作、探究的学习机会，让学生积极主动地去探索，发现新知，做到点面结合，重点突出。需要注意的是，基于大概念的单元整体学习设计如果没有适宜的教学法相配套，效果会大打折扣。

2. 基于大概念单元整体学习设计的课程分析

（1）从课程标准的角度分析。

《义务教育语文课程标准》（2011 年版）对第四学段（7–9 年级）学生的要求是："能用普通话正确、流利、有感情地朗读。""在通读课文的基础上，理清思路，理解、分析主要内容，体味和推敲重要词句在语言环境中的意义和作用。""欣赏文学作品，有自己的情感体验，初步领悟作品的内涵，从中获得对自然、社会、人生的有益启示。对作品中感人的情境和形象，能说出自己的体验；品味作品中富于表现力的语言。""通读古代诗词，阅读浅易文言文，能借助注释和工具书理解基本内容。注重积累、感悟和运用，提高自己的欣赏品位。""写记叙性文章，表达意图明确，内容具体充实。""诵读古代诗词，阅读浅易文言文能借助注释和工具书理解基本内容。""积极倡导自主、合作、探究的学习方式。"

---

① 钟启泉. 学会"单元设计"［N］. 中国教育报，2015–06–12.

（2）从教材编写双线组元的角度分析。

本单元主要写凡人小事，教读课文有《阿长与〈山海经〉》《老王》《卖油翁》，自读课文是《台阶》，另有"写作：抓住细节""名著导读·《骆驼祥子》：圈点与批注"等内容。文章体裁包括散文和小说。本单元的人文主题是凡人光辉。课文都是关于"小人物"的故事。这些人物虽然平凡，且有弱点，但在他们身上又常常闪现优秀品格的光辉，引导人们向善、务实、求美，让学生领悟到普通人也一样可以活得精彩，抵达某种人生的境界。语文要素是抓住细节。本单元学习应注重熟读精思，注意从标题、详略安排、角度选择等方面把握文章重点。还要从开头、结尾、文中反复及特别之处发现关键语句，感受文章的意蕴。需关注细节描写，发现关键语句，揣摩人物心理，把握人物形象特点，使学生具有质疑探究能力。同时，要注意区分教读课文与自读课文的区别，教读课文侧重让学生学习一些方法，自读课文侧重学习方法的运用。

（3）从课程资源的角度分析。

教师教学用书是重要的课程资源。四篇文本的细节描写精妙，语言特色鲜明，《阿长与〈山海经〉》笔调温情，轻松、活泼的记叙描写中不乏调侃，"大词小用"，寓意深刻。《老王》语言平实质朴，明白如话却又从细微处见深意。《台阶》语言细腻而富有节奏感，虽是叙事写人的小说，语言却像抒情写意的散文。《卖油翁》语言简洁含蓄，风格平易闲适。

从作者的视角看，鲁迅先生的《朝花夕拾》，杨绛先生所写的与《老王》一文相关的其他文字都是教师备课的课程资源，可藉此了解作者的语言风格和写作特色。

（4）从学生学情的角度分析。

从阅读方面说，七年级的学生已经掌握了一定的方法与技巧，特别是对于现代文，初步读懂文义并不难。《卖油翁》这篇文言文，应指导学生借助注释与工具书读懂课文。在写作方面，学生在七年级上册的学习中，已经学习了记事、写人要抓住特点、思路清晰、突出重点、体现人物精神等。本单元要在此基础上进行深化。鲁迅先生的文章，学生们读起来有一定的难度，其中的"吃福橘""说'长毛'"，以及阿长那些"麻烦的礼节"都是学生不宜读懂的地方，教师要引导学生认识到阿长的身份特征，读出荒诞可笑背后的苦难与希冀。需要注意的是，学生自己阅读理解不到的内容才是教师重点要教的部分。以《卖油翁》为例，学生能够理解文本中蕴含的"熟能生巧""戒骄"之类的道理，但是，欧阳修真正的写作意图还需要细细揣摩。要引导学生质疑，如作者"酌油之技"与神射手的"百步穿杨之艺"真的能够等量齐观吗？

一个单元中可以教授的知识很多，选择适宜的学习内容非常重要。根据以上分析，梳理归纳出的本单元学科大概念为：关键词句及其中的细节描写蕴含着深层意蕴，可以有效刻画人物（凡人光辉）。以此统领整个单元的教学设计。

3. 基于大概念单元学习设计框架与内容分析

根据笔者设计的基于大概念的单元整体学习设计基本框架图，基于大概念单元整体学习设计的一般路径是：课程分析—确定大概念—规划教学过程—嵌入式评价引领。具体来说，教师在备课时首先进行课程分析，就是要研读课程标准、教材、相关课程资源和学情。其次，确定单元的学科大概念，分析教学重难点，对课程资源进行有机整合，确定学习内容。再次，规划教学过程，厘定学习目标，设计核心问题和表现性任务。嵌入式评价渗透在课前、课中、课后的各个环节，比如在了解学情阶段，可以通过预评估，获知学生的基础与现有水平。在学生学习的过程中，为学生提供学习支架和评价量规，为学生的自主、合作、探究学习提供保障。学生获得大概念的过程是一个连续的过程，是在单元学习中不断强化的过程，因此，每一个课时的教学都要围绕大概念进行，而不是一个课时让学生学习了大概念，其余的课时就置之度外了，这就更强调了单元视域下进行课时教学的重要性。

"学科大概念与学习目标、内容的关系"，如下页图所示。这是从语文学科核心素养的四个方面入手，串联起了整个单元学习内容。

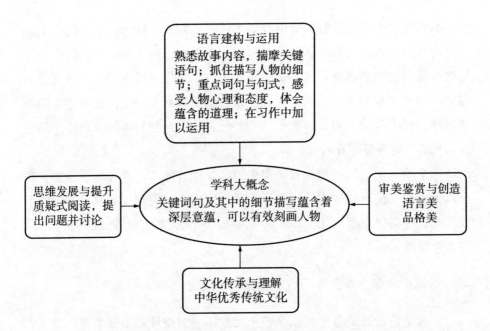

为明确"单元学习内容的优先次序",借用 *Understanding by Design* (*Expanded 2nd Edition*)〔《追求理解的教学设计》(第二版)〕一书中所推荐的三椭圆图尝试分析,如下图所示:

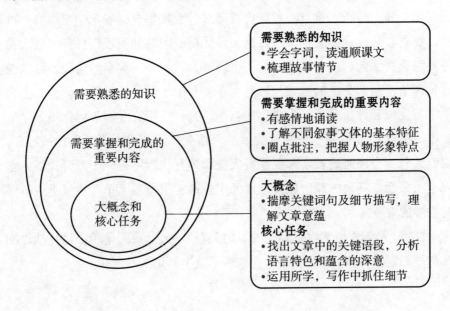

4.基于大概念的单元学习基本课型设计

基于大概念大单元整体学习，首先对课型进行改进与提升。根据实际需求，课题组把课型设计为基础过关课、精读导引课、自读学习课、读写结合课、拓展提升课、整本书阅读导读课。这个课型设计不是固定不变的模式，而是可以根据单元教学的要求灵活自如地进行设计。

基础过关课的基本作用是解决学生的基础知识、基本技能的掌握问题。比如，就语文学科而言，就是在这样的课上，让学生熟悉课文，认读理解生字词。

精读导引课的主要作用在于学习本单元的教学重点，让学生学习一定的方法与技能。就本单元而言，根据提炼的大概念"关键词句及细节描写蕴含着深刻意蕴"，在精读课上，要让学生学习什么是"关键词句"，体会细节描写，学会判断和寻找关键词句的方法，在练习中体验如何去寻找关键词句及细节描写背后的深刻意蕴。这里，可为学生设计学习支架，让学生掌握学习的方法与路径。

自读学习课，就是让学生把在精读课上学习到的方法与路径在自读课文中去应用。这里，可以从课外阅读材料中选取相同类型的优质篇目结合着学习。这样的课型也可以称为"1+X"课型。

读写结合课，就是让学生将在阅读教学中学习到的方法迁移应用到写作教学中，进行充分的体验与应用。

拓展提升课，就是在前期课型的基础上对现有的内容拓宽、拓深，特别给有不同发展需求的学生提供个性化服务。

整本书阅读导读课，根据单元教学要求对整本书阅读给予指导与帮助。整体书阅读是部编语文教材的重要内容。

虽然不同的课型具有不同的作用，但是所有的课型是一个完整的整体，一以贯之地指向目标的达成。而且，课型的设计是环环相扣的，前一课型是后一课型的基础与铺垫，后一课型是前一课型的拓展与延伸。这样才体现出单元的整体性、完整性、连贯性。

5. 基于大概念单元整体学习设计的基本路径

基于大概念单元整体学习设计的基本路径为：先进行课程分析，确定单元学习的学科大概念，然后以大概念为统领，对单元内的知识进行有机融合。确定单元学习目标、核心问题与表现性任务，以具体生动的活动载体，组织学生进行主动积极的言语实践，以嵌入式评价为保障。

（1）学习目标设计。

本单元是以写人记事为主的叙事性文体，根据教师教学用书要求，设计如下单元学习目标：

A. 了解不同叙事文体的基本特征，学会从标题、详略安排、角度选择等方面把握文章重点，学习把握文章结构层次的能力。

B. 关注细节描写，揣摩人物心理，把握人物形象特点，体会凡人身上闪光的品格。

C. 结合文体特点和作者的叙事风格，有感情地诵读，理解作者情感态度及文本深层意蕴。

D. 练习"抓住细节"的写作方法。

（2）核心问题设计。

核心问题不能仅仅是提问一两次，必须卓有成效地贯穿于整个单元的过程加以使用。

对于单元内容，可围绕与大概念相关联的两个核心问题展开设计：

A.（人文主题问题）小人物身上有着怎样的人性光辉？

B.（语文要素问题）如何寻找关键词句（细节描写）？如何理解关键词句蕴含的深层意蕴？

认真阅读本单元课文，包括单元导读、课前提示语、课后思考探究、积累拓展、阅读提示、写作要求、名著导读等内容。"寻找关键词句的主要方法"和"品味关键词句（细节描写）蕴含的深层意蕴的主要方法"如下页两表所示。在整个初中教学中都可以反复使用这两个学习支架，并且可以在教师的教学与学生的学习中反复改进这两个学习支架，也可以引领学生来修改。让学生以此为学习支架反复学习，持续理解本单元的大概念：关键词句及其中的细节描写蕴含着深层意蕴，可以有效刻画人物。在每一个课时学习中反复体会本单元教学的主要内容。

类型	表现方式
位置	文章标题、开头、中部或末尾；段落开头、中部或末尾。
修辞	反复、排比、比喻、衬托、夸张（大词小用）、反语（褒词贬用）、矛盾、留白。
描写	细节、数字；人物、景物。
作用	主题句、中心句、哲理句。

方法	解释
诵读法、语感	书读百遍，其义自现。
还原法	对关键词句进行还原的步骤：首先把语词的原生词义，或者说字典上通常的语义找出来，然后与本文中、具体语境中获得的新的语义加以比较，揭示矛盾，进行分析。
语境法	联系上下文。
细节分析法 咬文嚼字法	细节描写，引申意。
文献参考法	著作、论文、影视作品。
比较法 对比法	与其他文本的比较、详略安排的比较等。
情境法	亲身体验。
想象法 联想法 推理法	想到文字背后的意思，联系生活实际、时代背景等。
理解修辞	反复、排比、比喻、衬托、夸张（大词小用）、反语（褒词贬用）、矛盾、留白。

（3）表现性任务设计。

A.（人文主题任务）"最美小人物"评选活动。

要求：在七年级级部开展"最美小人物"评选活动。每位同学推荐身边的一位小人物。撰写具有说服力的推荐词，说明小人物身上具有什么样的人性光辉。每小组推荐一位同学参加班级评选，每班推荐五位同学参加级部评选，评出十名"最美小人物"并颁奖。

B.（语文要素任务）归纳梳理寻找关键词句的方法。理解关键词句及细节描写蕴含的深刻意蕴。学习用关键词句及细节描写揭示深刻意蕴的写作方法。

（4）嵌入式评价设计。

应根据学情研发评价量规，为学生的学习提供支持。这里仅举"细节描写检查评价量规"，如下表所示。

标准（每项 3 分）	得分
细节描写真实可信。	
能抓住典型特征描写细节，重点突出，特色鲜明。	
语言生动、简洁，表现力强。	
能根据表达需要对人物、景物、事件等进行细微刻画。	
11–12 分优秀；8–10 良好；6–7 合格；6 分以下待提高	合计：

（二）部编语文三年级下册第三单元案例分析

本案例主要呈现单元整体学习中通过设计不同的课型达成学习目标的方法。

部编语文三年级下册第三单元，精读课文是《古诗三首》《纸的发明》《赵州桥》，自读课文是《一幅名扬中外的画》；"综合性学习"的内容是"中华传统节日"；"语文园地"编排了"交流平台""识字加油站""词句段运用"和"日积月累"四个板块。

本单元双线组元的要求：一是紧扣人文主题——我国传统文化；二是

落实语文要素，了解课文是怎么围绕一个意思把一段话写清楚的。开展综合性学习，收集传统节日的资料，交流节日的风俗习惯，并写一写过节的过程。

本单元的学科大概念是：中心句是能够概括文章主要内容或段落主要意思的句子。

对于三年级的学生，这个大概念不需要明确地指出来。中心句的位置与作用是：在文章的开头起概括与总述的作用；在文章的中间起承上启下的作用；在文章的末尾起归纳和总结的作用。老师要做到心中有数，随着后续学习，要对此大概念进行持续理解与应用。

对于本单元的学习，主要设计了如下几个课型：

基础过关课，精读导引课，组合深化课，读写结合课，拓展延伸课（口语交际、实践活动等）。

所有的课型都采取翻转式教学，设计学习单，安排学生进行预习。

1. 基础过关课

本课型主要完成的目标是集中识字和读通顺课文。集中识字时要采用适合学生身心特点的方法与步骤。集中识字并不是与随文识字等方法完全割裂，也不是一个不落地把单元中的生字都集中起来，有的字不好归类，脱离课文后不容易学，就进行随文识字，或者与其他识字方法相结合。

识字中可针对不同学段的学生制作不同的识字卡片，采取字、拼音、图画等多种渠道识字。注重识字方法的多元化，突出字理（象形、会意、形声），渗透汉字文化，看图，反复吟诵，联系生活，培养学生的自主识字能力。对汉字进行分组、分类，使用基本字带字。通过自主识字、小组识字、全班识字等方式，采用开火车、竞赛、相互提问、表演等多种识字方法，增强识字的趣味性。与游戏结合，与阅读结合，与写话结合，提高识字效率。

2. 精读导引课

本单元的精读篇目有《古诗三首》《纸的发明》《赵州桥》，精读点依然是双线组元的两个重要内容：中国优秀传统文化；围绕一个意思把一段话写清楚。关注学生对学科大概念的持久理解。

精读课中《古诗三首》的教学是与中国传统节日相关联的，可与综合实践活动内容相结合。另外两篇的教学要紧扣单元要求，以课文为实际案例引领学生分析如何围绕一个意思把一段话写清楚。

在本单元中，教材首次出现综合性学习栏目，主要围绕生活中的传统节日展开，教师至少要提前一周布置综合性学习活动：我国有哪些传统节日？节日里有哪些习俗？而且要尽量详细地对学生进行指导。

首先要说明活动的主题与要求：了解我国的重要传统节日以及习俗，积累与节日有关的古诗；要学习收集、整理和分析资料的方法，学写一篇关于中华传统节日的习作，提高处理信息和语言表达的能力；体验我国传统文化的魅力，增强我们民族的自豪感，更加热爱祖国。

其次，要成立活动组织。把学生进行分组或者沿用固定的学习小组，组员进行分工。

再次，引导学生制订活动计划。为了让学生活动起来条理清晰，过程合理，老师可以为学生设计小组课外活动实施计划表。

3. 组合深化课

单元组合深化课的特点是"1+X"，"1"是课文中的自读课文，"X"是从课外选编的自编读本范文中选择的几篇文章。

在本单元，"1"是自读课文《一幅名扬中外的画》，"X"是选择的两篇文章《长江的两个水柜》和《荀巨伯》。教学中聚焦的两个重点内容依然是：中国优秀传统文化；围绕一个意思把一段话写清楚。同时要关注学生对学科大概念的持久理解。

4. 读写结合课

单元读写结合课的特点是阅读教学中学到写作的方法，在这节课上要实实在在地进行练习，可以写片段，但是一定要保障当堂写作，当堂修改。

在本单元，设计的写作任务是：结合语句段运用、文章阅读写一个中国传统节日。要求是体会分段，围绕一个意思把一段话写清楚。同时要关注学生对学科大概念的持久理解。

比如，写一段话介绍"月饼"，开头句是"我特别喜欢吃月饼……"。

5.拓展提升课（口语交际、实践活动等）

学生已经提前 1～2 周在课下进行了充分准备，针对综合性学习"我国有哪些传统节日，节日里有哪些习俗"这个主题形成了一定的学习成果。因此，单元拓展提升课主要是展示、交流学生们的学习成果。展示的范围既可以在一个班级，也可以扩大到一个级部，甚至是全校。可以提前张贴海报，在合适的宽敞场地进行路演。方式可以多元化，包括手抄报、绘画、表演、讲故事、朗诵诗歌、实物作品等。可邀请任课老师、家长、学长、学妹等参加。

活动前要提前设计计划表与评价表，下面的两个表①是这个案例中供学生使用的学习支架的参考样例，前者是"小组课外活动实施计划表"，后者是"综合实践活动评价表"。

组长组员	（第一位为本小组组长）
活动主题	中华传统节日
活动内容与目标	1. 了解我国有哪些主要的传统节日，这些节日是怎么来的，节日里有哪些习俗。 2. 找一找与传统节日有关的故事、传说和古诗。 3. 写一写，可以写自己家乡过节的过程，也可以写节日中发生的印象深刻的事情。
活动时间	

---

① 向爱平. 统编教材三（下）第三单元整体教学指要［J］. 小学教学参考，2019（10）：12-15.

活动过程	本组要了解的传统节日：			
	了解传统节日的途径：			
	组员具体分工与活动情况：			
活动成果	节日		过节时间	
	节日习俗：			
	有关节日的故事和传说：			
	写节日的古诗：			
习作及资料粘贴处				

本组成员			
被评价人		评价时间	
评价项目	评价人与评价结果		
	被评价人自评	小组互评	评价结果
能服从小组的任务分工	☆ ☆ ☆ ☆ ☆	☆ ☆ ☆ ☆ ☆	☆ ☆ ☆ ☆ ☆

能认真完成自己的任务	☆ ☆ ☆ ☆ ☆	☆ ☆ ☆ ☆ ☆	☆ ☆ ☆ ☆ ☆
能倾听别人的观点	☆ ☆ ☆ ☆ ☆	☆ ☆ ☆ ☆ ☆	☆ ☆ ☆ ☆ ☆
能主动表达自己的观点	☆ ☆ ☆ ☆ ☆	☆ ☆ ☆ ☆ ☆	☆ ☆ ☆ ☆ ☆
能协作小组成员开展活动	☆ ☆ ☆ ☆ ☆	☆ ☆ ☆ ☆ ☆	☆ ☆ ☆ ☆ ☆
能整理完善自己的成果	☆ ☆ ☆ ☆ ☆	☆ ☆ ☆ ☆ ☆	☆ ☆ ☆ ☆ ☆
能充分发挥自己的特长	☆ ☆ ☆ ☆ ☆	☆ ☆ ☆ ☆ ☆	☆ ☆ ☆ ☆ ☆

如上课型不是一成不变的，而是根据学生需要不断进行调整与规范。比如，还可以设计复习课、专题课、戏剧课等。

（三）基于大概念的长篇小说阅读单元学习研究

随着高中各学科课程标准的颁布，培育学生的学科核心素养逐渐成为课堂教学的主导性任务。为促进学科核心素养落地，教学必须既关注掌握知识的数量，又关注掌握知识的质量，由关注碎片化知识点的学习向关注结构化知识体系形成转型，以清晰的大概念串联起知识的内在逻辑关系，既关注知识的记忆，又关注知识的迁移应用。为实现这一目标，教学中要以学科大概念为基点，采取单元学习方式，构建激发学生学习热情与动力的学习内容与任务。长篇小说阅读能增长学生的人生阅历，使心胸变得恢弘阔大，促进精神成长。同时，长篇小说具有间接性与歧义性的特点，为读者营造了极大的想象空间，比单篇阅读具有更强大的感染力与震撼力。然而在现实教学中，由于阅读量大、时间不足、教师相对成熟的经验少、囿于原有的教学习惯等原因，长篇小说阅读实施起来困难重重，效果欠佳。本文尝试从大概念视角探讨长篇小说阅读的有效路径。

1. 基于大概念长篇小说阅读单元学习的必要性

（1）大概念的特征与教学价值。

学科大概念是学科知识的本质与核心，有助于教师有效定位教学价值，防止备课、授课时偏离教学目标。大概念通常对学生学习的知识与内容具有统摄作用，可以让零散、碎片化的知识发生关联与聚合，形成一定的意义。更重要的是，大概念有很强的迁移性，能够在新的情境中加以应用，以提高学生解决问题的能力。大概念教学给学生提供了方向与范畴，追求教学的"少而精"，能帮助教师从繁杂众多的学习内容中抓住主要矛盾和本质问题，紧扣重难点开展教学。基于大概念的教学更注重知识的应用，对发展学生的核心素养具有重要意义。就长篇小说而言，即使是一致公认的名著，也是精华与糟粕并存。阅读长篇小说因视角不同对学生发展的影响会有差异，教师有责任校准教学方向，引领正确的价值观。

（2）从课程标准的视角分析。

鉴于大概念在教学中的独特价值，《普通高中课程方案》（2017 年版 2020 年修订）在"修订的主要内容和变化"部分指出："进一步精选了学科内容，重视以学科大概念为核心，使课程内容结构化，以主题为引领，使课程内容情境化，促进学科核心素养的落实。"从大概念视角切入指导长篇小说阅读，有利于学生在阅读中抓主要矛盾，把有限的学习时间用在掌握最重要的内容上，从而提高学生的阅读水平。语文课程标准中的"整本书阅读与研讨"位于必修课程、选择性必修课程的第一位，学习任务群中对整本书阅读的目标、内容等实质性问题提出了要求。任务群学习贯穿必修、选择性必修和选修三个阶段。必修课程共有 8 学分，"整本书阅读与研讨"占其中的 1 学分，18 课时。

（3）从教与学的视角分析。

长篇小说阅读不同于一般阅读，不是课外阅读、消遣阅读，跨越时间长，学生阅读小说的时间却有限，教师的阅读素养有待提高。除了理解能力很强的个别学生，大多数学生在阅读长篇小说时，面对纷繁复杂的人物关系、场景等，通常不得要领。有的教师只采取推荐或逼迫学生的读书方法；有的教师完全放任学生自己读，有效指导不到位；有的教师对学生干扰太多，影响了学生的阅读兴趣，破坏了学生的个性化阅读。保障阅读效果成为复杂而棘手的问题。教学中有必要梳理小说阅读的关键内容，在阅读方向上重点指导，在阅读方法上精当点拨。

另外，学生正处于人生观、价值观的逐步形成时期，对美与丑、善与恶、是与非的判断能力比较弱。长篇小说文本内容丰富，甚至掺杂着践踏人性与人道的不利于学生成长的内容，因此，教师正确引领长篇小说阅读的价值导向格外重要。长篇小说阅读的教学价值应定位于学生精神的成长与语文学科核心素养的培育。

基于大概念的长篇小说阅读单元学习有利于教师从学生的学习基础、认知水平出发，以大概念引领，设计结构化的知识模块，使课时教学之间建立起有机联系，帮助学生较好地完成长篇小说阅读学习任务。

2. 厘定长篇小说阅读单元教学中的大概念

准确定位学科大概念是基于大概念进行教学与学习的基础与保障。学科大概念可以从课程标准、学科核心素养、教材等课程资源中去提取。大概念往往是教师经常重复、需要学生好好掌握的那些教学内容，是考试中经常要考查的内容，是教材中反复强调的内容。长篇小说具有复杂性与多元性特征，对于长篇小说阅读单元教学中包含的大概念尚无定论，尝试作如下探讨。

（1）基于课程标准进行分析。

长篇小说的阅读主要涉及学习任务群1"整本书阅读与研讨"、学习任务群5"文学阅读与写作"、学习任务群10"中国现当代作家作品研习"三个任务群的学习内容。研究学习任务群1"整本书阅读与研讨"这一部分，以及其他任务群中涉及的整本书阅读要求，分析小说阅读的目标、内容等问题，可以归纳梳理出以下内容：通读全书，整体把握其思想内容和艺术特点；从最使自己感动的故事、人物、场景、语言等方面入手，反复阅读品味，深入探究，欣赏语言表达的精彩之处，梳理小说的感人场景乃至整体的艺术架构，理清人物关系，感受、欣赏人物形象，探究人物的精神世界，体会小说的主旨，研究小说的艺术价值；感受作品中的艺术形象，理解欣赏作品的语言表达，把握作品的内涵，理解作者的创作意图；结合自己的生活经验和阅读写作经历，发挥想象，加深对作品的理解，力求有自己的发现。

（2）基于教材、学情等进行分析。

部编教材高一必修上册第五单元安排的是《乡土中国》整本书阅读，必修下册第七单元安排的是《红楼梦》整本书阅读，第七单元的导语要求是：通读《红楼梦》全书，梳理小说主要情节，理清人物关系，理解和欣赏人物形象，探究人物的精神世界，整体把握小说的思想内容和艺术特点，建构阅读长篇小说的方法和经验；可以从最使自己感动的故事、人物、场景、语言入手，反复阅读品味，获得审美感悟，丰富自己的精神世界。而且，在教材其他任务群的学习中，也渗透着整本书阅读要求。长篇小说阅读是整本书阅读的重要内容，适宜连续使用9课时实施单元整体教学。部编教材九年级上册第六单元的名著导读，导读的是《水浒传》，在单元导读中的要求是：要抓住小说的主要线索，梳理故事情节；把握人物形象，探讨其性格形成的原因；结合具体描写，了解古代白话小说的艺术特点。由于《红楼梦》体量庞大、人物众多、情节复杂，其母题是多样化的，如下提到的母题都有人讨论与研究：下凡历劫、剖腹藏珠、悟道成仙、降凡、思凡、灵肉、神灵人物的原型、家族等。《红楼梦》作为语文课程的教学文本，笔者认为家族母题更适合高中生学习。家族观念在中华文化中具有特殊地位，家族母题在文学王国里格外得到垂青，《红楼梦》是家族母题的经典范本，以家喻国，传达作者对人生、对社会、对命运的深层次理解。这与语文课程标准的相关规定相契合，与学生已研读的《乡土中国》有一定的关联，符合学生发展需要。

（3）基于小说本体性知识进行分析。

文艺理论、叙事学、接受美学等的发展及传播为解读长篇小说提供了良好的理论依据。母题是最小的叙事单位，是叙事学的重要术语之一。母题可以联系小说的其他元素，具有统领性作用，在长篇小说阅读中具有重要意义。"小说家们特别注重小说本身的内在结构……把人生的经验套入一个固定的结构之中。"[1] 小说的多种结构方式可以作为切入长篇小说阅读的一个角度。叙事方法、叙述视角也是切入阅读的重要角度。长篇小说阅读不

---

① 浦安迪.中国叙事学（第2版）［M］.北京：北京大学出版社，2018.

要拘泥于人物、环境、情节的分析，可以从阅读方法、能力的培养，阅读习惯的养成，文化传承与创新，精神培育与成长等方面进行研讨。

综上所述，长篇小说阅读的主要概念有：母题、人物形象、叙事方法、结构、情节、语言等。这些概念并不在一个层级。小说表面看起来有着无限的故事，却可以归纳进有限的母题。因此，母题位于相对高的层级，可以起到统领作用，超越时空与民族文化，承担起长篇小说阅读的大概念功能。

因此，长篇小说阅读教学的一个基本路径是：从母题入手，携带起人物形象、叙事方法、结构、情节、语言等单元学习内容。这样做的好处是，尽量使学生阅读长篇小说时能汲取正能量，而不至于把关注的重点放在负面信息上。

3. 基于大概念的长篇小说阅读单元学习路径分析

（1）单元学习基本思路。

学生的学习方式要与大概念理念相匹配。我们探索出了"基于大概念的长篇小说阅读单元学习基本思路"（见下页图），该学习模型的设计理念是围绕学科大概念，以高阶思维携带低阶思维，完成进阶式学习。基本设计思路为：厘清大概念，明确单元学习目标（成果），确定核心问题，设计驱动性任务，嵌入式评价。学生采取自主、合作、探究的项目化学习方式。鉴于长篇小说阅读内容纷繁复杂，开放度太大，有必要适当规范，防止学生阅读时信马由缰。因此，把小说的母题作为学科大概念，即单元教学设计的基点。

教师可以从小说多元的母题中研讨确定出最适合学生的一个，以此引领学生的阅读方向，规范学生的阅读范畴。余党绪老师在研究基于母题的长篇小说阅读中建立了"母题、主题、问题"的基本学习模型，为长篇小说阅读找到了思辨的方向、框架和抓手。还可通过母题，将众多长篇小说联系起来，开展比较阅读，如通过"野心"这一母题，可将《红与黑》《三国演义》《水浒传》等作品关联起来。

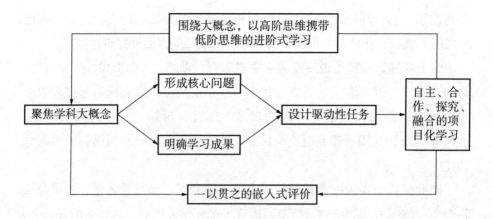

在这个思路中，设计单元学习目标、核心问题、驱动式任务、学习支架与嵌入式评价是其中的关键要素。

①学习目标。

单元学习目标（成果）设计基于课程标准、学材、学情等。单元学习目标要说明学生应掌握的概念、学习的方法、锻炼的能力和呈现的成果，让学生明晰自己的阅读期待。语文课程标准中，长篇小说阅读的学习目标有如下重要内容：利用书中的目录、序跋、注释等，学习检索作者信息、作品背景、相关评价等资料，深入研读作家作品；联系个人经验，深入理解作品；享受读书的愉悦，从作品中汲取营养，丰富自己的精神世界，逐步形成正确的世界观、人生观和价值观；用自己的语言撰写全书梗概或提要、读书笔记与作品评介，通过口头、书面形式或其他媒介与他人分享。具体到不同的长篇小说，可以在这个目标框架下进行个性化设计。倡导从母题这个大概念切入，设计单元学习目标。首先分析长篇小说母题的具体内容。以《水浒传》为例，"忠义""英雄""野心""生与死""叛乱与归顺""正义与野蛮"等都可以作为小说的母题，要寻找一个或多个适合学生身心发展的母题切入，学生有发现、选择母题的权利。南开大学文学院陈洪教授曾在他的授课中说："《水浒传》是正义与野蛮的交响乐。"以现代文明观照，小说中确有不少负面描写。《水浒传》作为四大名著之一，受到了广大人民群众的喜爱，彰显了顽强的生命力，其真正的艺术魅力与价值应该成为学生学习与探讨的主要内容。因此，这里借用"正义与野蛮"这个小说母题来拟定《水浒传》阅读的单元学习目标：

A. 从小说母题"正义与野蛮"切入，分析人物形象；

B. 了解小说的链式结构，分析相对独立又相互关联的人物故事，辨别其中的"正义与野蛮"因素；

C. 分析小说人物"正义与野蛮"相互纠结背后的历史背景，从时代发展视角给出价值判断与阐释。

②核心问题。

核心问题与驱动式任务（又称自带动力的任务）密切相连，都指向学习目标，也就是说要以学习目标为设计的依据。核心问题要有开放性、探究性、趣味性。开放性的题目，注重学生思维能力、创新能力、实践能力的考查，更有利于使用合作、探究的学习方式。趣味性则可以极大地激发学生解决问题的动机。以《水浒传》阅读为例，单元教学核心问题可以设计为：水浒人物不是单纯的正面人物或反面人物，而是复杂的多面人物，试分析他们为何陷入了"正义与野蛮"同时并存的悖论之中。

③驱动式任务。

核心问题依赖于驱动式任务去解决，驱动式任务可以设计为：我为水泊梁山换首领。

子任务一·人物分析：阐述我想换的首领的实力与特征。

从鲁智深、武松、林冲、李逵、花荣、吴用、史进、三阮、石秀、卢俊义等人物中自由选取一个人物，从"正义与野蛮"视角自拟正标题，以"×××小传"为副标题写作文，概述人物故事，写出评论，字数控制视不同的年级段与学情而定；召开学习成果展示分享会，人人提交一篇小作文之外，成果还可以是手抄报、思维导图、手工作品、辩论赛、演讲比赛、戏剧展演等。

子任务二·形势分析：从"正义与野蛮"视角，研讨我换的首领是否能够带领众豪杰改变命运。

子任务三·自我带入：从"正义与野蛮"视角，想象如果自己去水泊梁山做首领，自己进入这个团队的缘起、方式和理由。

子任务四·设计结局：从"正义与野蛮"视角，有证据地推断如果自己是水泊梁山的首领，自己的所作所为带来的结局，并与原作比较。

④学习支架与嵌入式评价。

长篇小说阅读的"输入"依赖于有效地"输出"，也就是说学生的阅读积极性、兴趣与阅读质量依赖于是否给学生提供了卓有成效的阅读任务和展示平台。建立基于大概念的长篇小说阅读评价体系是保障阅读水平的重要措施。

第一，过程性评价。全面考查学生的阅读进度、笔记、批注等。采用混合式学习，以"打卡"的方式促进长篇小说阅读的及时评价。根据学情，教师为学生设计必要的学习支架，如"作文评价量规"（见下表），作为学生深度阅读的学习工具，要求学生自主检查、小组互查作文的质量。

项目	细则	分值	自评	他评	改进建议
正标题	符合小说人物特点；激发读者阅读兴趣。	4			
内容	抓住人物特点；人物形象鲜明。	4			
	选材典型，故事梗概能抓住要点；情节完整。	6			
	通过语言、行为、心理等方面的描写合理分析人物思想观点与情感；性格特征抓得准；揭示人物精神品质。	10			
	能对人物进行客观评价；结合历史背景、社会环境等分析人物"正义与野蛮"并存背后的原因，论证时代意义与价值；逻辑严谨；有独到的见解；说服力强。	10			
主题	鲜明；价值观积极向上。	4			
结构	结构严谨；层次分明；详略得当。	6			
语言	表达贴切；通顺；生动。	6			
总分	50				

第二，成果展示式评价。小说本身具有召唤性、开放性的特征。小说作品中的人物肖像、性格特点、环境描写、事件情节、谋篇布局都有着许

多的不确定性与空白，需要读者去自主创造与补充。"读者将通过审美阅读，在作品提供的意象意境框架或提示的基础上，重新在主体心灵中——心理学层次上建构起新的审美意象意境。"[①]学生的阅读成果是学生阅读的再创造过程，以成果展示的方式发挥学生阅读的能动性，促进学生从"平面阅读"走向"立体阅读"。要以丰富的活动展示学生的阅读收获。

第三，多元化评价。评价主体要多元化，包括学生自主评价、同伴评价、教师评价、家长评价、社会人员评价等。评价方法也要多元化，包括纸笔测试、活动展示、实物呈现等。根据不同学生的学习基础个性化评价，设计不一样的评价标准，以满足学生的个性化需求。

第四，实践应用评价。小说具有多元精神价值，优秀小说阅读的作用在于可以潜移默化地改变学生的视界与心灵。学生除了从阅读文学作品中获得审美享受外，还会得到丰富的知识，增进对人生的认识，受到高尚健康的思想、道德的陶冶，达到精神上的净化和升华。文学的审美效果与道德效果相辅相成，文学的思想道德效果通过审美效果得以发生。当学生能够有效持久深入地对优秀作品进行阅读，核心素养会得到提升，会用成长的心灵与眼光去重新审视生活，会对真善美有新追求。反映在学习、生活中，学生处理日常事务、面对挫折时的成长与成熟可以成为评价的内容。

（2）项目化学习实施过程。

首先，学生根据学习目标、核心问题与驱动性任务要求，阅读小说和教师精选的补充材料，可以提前在寒假或暑假进行。其次，在学期中集中9课时安排单元阅读教学。第一课时：教师简要导读。学生阅读小说及相关材料，选择自己研究的人物，确定研究项目，制订单元学习计划并交流研讨。第二课时：学生就选择出的人物挑选相关章节，从"正义与野蛮"的研究视角，拟写作文写作提纲。对照教师提供的"作文评价量规"，研讨修正写作提纲。第三、四、五课时：对阅读与写作碰到的问题展开研讨，完成作文。第六、七、八课时：以作文为基础，形成其他形式的阅读成果，如辩论会材料、演讲赛演讲稿、思维导图等。第九课时：成果展示会，并

---

① 朱立元. 接受美学 [M]. 上海：上海人民出版社，1989.

对学习过程与学习成果进行评价。学生采用自主、合作、探究的学习方式学习，教师的角色是支持者、帮助者。如人物形象分析，书中大力赞扬的"正义的英雄"却常常伴有"野蛮的行径"，针对这一阅读难点，教师一方面提供精选的阅读材料，另一方面带领学生重点讨论。阅读过程中，帮助学生掌握长篇小说阅读的一些方法。也可以采用比较不同作品中的人物的方法，更好地写出人物评论。

学生能否产生丰富的阅读体验是决定学生是否喜欢阅读、沉醉在阅读之中的一个重要因素。唤起学生的阅读情感，培养学生阅读小说的兴趣，激发学生的阅读积极性，调动学生的想象、联想，是长篇小说阅读的重要功能。这就需要针对不同小说的不同特点，设计具有开放度、冲击力强的驱动性任务，主要方法有：一是从人物形象分析的视角设计。阅读《西游记》，紧扣"生命成长"的小说母题，分析孙悟空、猪八戒等人物形象，设计任务：概括孙悟空的成长史，为孙悟空写一份成长档案；比较孙悟空与猪八戒不同的成长经历，就"苦难与成长"这个话题，拟写二人对话。二是从叙事学的视角设计。阅读《呼兰河传》，从"家园"的母题出发，安排转换叙述视角的训练，使学生亲身体验小说创作中叙事视角对小说的内容和情感的影响。三是从写作方法的视角设计。阅读《红楼梦》，从"因果报应"的母题出发，分析"草蛇灰线，伏线千里"的写作方法。四是从比较阅读的视角设计。从"苦难与奋斗"的母题出发，比较分析《骆驼祥子》与《平凡的世界》，安排给学生画出思维导图的学习任务。五是从角色代入的视角设计。阅读《平凡的世界》，设计任务："自由选择小说中孙少安、孙少平、田晓霞、田润叶等其中的一位，如果你是他（她），你会选择什么样的爱情和生活？写明理由。"

需要注意的是，在长篇小说阅读教学设计中，不要将问题复杂化，要把保护与激发学生的阅读兴趣作为前提。篇章阅读是整本书阅读的基本功，要处理好整本书阅读与节选文之间的关系，使教材中的节选文章与原著相联系，把篇章阅读取得的经验迁移、转化到长篇小说阅读教学中。

（四）基于大概念的高中数学单元教学设计[①]

单元教学不能离开课时教学，课时教学又是单元教学的组成部分，必须关注单元与课时、课时与课时之间既有层次又有联系的密切关系，从整体上把握教学内容，确保知识结构的完整性。下面分别展示"三角函数概念和性质"的单元教学要素设计案例和课时教学要素设计案例。

	内容	新的人教 A 版普通高中教科书《数学》（必修第一册）第五章"三角函数"：5.2 三角函数的概念，5.3 诱导公式，5.4 三角函数的图象与性质，5.6 函数 $y = \sin(\omega x + \varphi)$。
单元内容	内容解析	内容本质：三角函数是一类最典型的周期函数，三角函数描述了周期运动现象。 知识结构关系：在"函数是描述客观世界中变量关系和规律的数学语言和工具"的观念下，引导学生体验用函数描述周期运动现象；三角函数应用广泛，是刻画匀速圆周运动的数学模型；理解三角函数对应关系的特征；正弦函数、余弦函数是最基本和重要的周期函数，直接反映了单位圆的对称性与周期性；三角函数与向量、复数、解析几何、平面几何、解三角形、数学建模都有紧密联系。 蕴含的思想方法：发挥单位圆的重要性作用，借助单位圆的对称性研究三角函数的所有内容，体现三角函数的整体性，用几何直观和代数运算的方法研究三角函数性质，提升学生的数形结合思想和直观想象、数学运算、数学建模的素养。 育人价值：三角函数应用广泛，是跨学科的桥梁，与现实世界的联系密切（比如振动和波动），是高科技的基础之一。学生能体验三角函数在解决实际问题中发挥的学科价值和重要作用。 突破重点：突出单位圆的主线和核心作用，研究三角函数的性质。
单元目标	目标	了解三角函数的背景，体会三角函数与现实世界密切联系的学科价值；经历三角函数概念的抽象过程，借助单位圆建立一般三角函数的概念；借助单位圆的对称性，利用定义推导出诱导公式；用几何直观和代数运算的方法研究三角函数的周期性、奇偶性（对称性）、单调性和最大（小）值等性质。

[①] 陈小波. 高中数学单元教学整体设计的区域研究与实践——以人教版 A 版《数学》（必修第一册）"三角函数"为例 [J]. 中学数学教学参考（上旬），2020（4）：10-15，24.

单元目标	目标解析	学生体验用函数描述周期运动现象；借助单位圆上点的旋转过程，分析其中量与量的对应关系来抽象三角函数的概念；能根据定义求给定角的三角函数值；引导学生结合实际情境，借助单位圆的几何特征探索三角函数的有关性质；重点提升数学抽象、数学建模、数学运算、直观想象和逻辑推理的素养。	
	问题诊断	学习三角函数的思维过程不同于学习其他基本初等函数。比如，归纳三角函数的定义的过程对学生来说非常陌生；研究三角函数的性质的思维方式对学生来说也很陌生，核心是借助单位圆的对称性归纳公式以及正弦函数、余弦函数的图象与性质。	
学习评价	内容	依据实际学情设计单元作业 n 份，单元检测试题 n 份（编制规格、内容、题型、难度、创新都要与课程标准相吻合）；每节课都有目标检测练习，检测本堂课的目标完成情况；单元和课时的作业与检测构成完整性的评价体系。单元结束时进行定时测试，收集数据，分析反馈。	
	方式	终结性评价；形成性评价；数据分析。	
教学策略	课时安排	5.2.1　三角函数的概念	第 1 课时（新授）
		5.2.2　同角三角函数的基本关系式	第 2 课时（新授）
		5.3.1　诱导公式（含公式一）（1）	第 3 课时（新授）
		5.3.2　诱导公式（2）	第 4 课时（新授）
		5.4.1　正弦、余弦函数的图象	第 5 课时（新授）
		5.4.2　周期性、奇偶性、单调性	第 6 课时（新授）
		5.4.3　正切函数的性质与图象	第 7 课时（新授）
	重点	发挥单位圆的作用，结合实际情境探索三角函数的有关性质。	
	难点	利用直角坐标系中的单位圆，抓住三角函数反映的是匀速圆周运动的数学模型这个核心，突破难点。	
	教学方法	问题驱动式、启发式。	
	资源支持	基于作业创新的"互联网＋"技术支持，多媒体技术支持。	

课时内容	第6课时：正弦、余弦函数的性质（周期性、奇偶性、单调性和最值）。		
目标设计	学习目标	1. 借助单位圆的对称性能画出正弦、余弦函数的图象。 2. 借助图象了解三角函数的周期性、奇偶性；理解三角函数单调性、最大（小）值 3. 了解从一般到特殊，从特殊到一般的辩证思想；理解化归、类比的方法在数学中的应用；培养数形结合思想和发展数学素养。	
	重点	借助图象了解三角函数的周期性、奇偶性；理解三角函数单调性、最大（小）值。	
	难点	理解三角函数单调性、最大（小）值。	
教学策略	资源	"互联网+"，多媒体技术。	
	方式	问题驱动式、学案导学式、合作交流式。	
学习评价	课前检测	设计自主学习报告单；通过观察正弦、余弦函数的图象，探究性质，并写出你的探究结果。	
	课中练测	问题链	由6个问题组成问题链，作为整堂课的逻辑线索，通过问题引导学生的思维活动，设问强调适切性和针对性。
		练习	围绕教学环节，设计课中阶段性目标练习，检测教学目标的达成度，及时反馈。
	课后评测	课时评测练习题组。	
教学流程			
教学过程	略		

在上述案例中，陈小波老师没有直接给出学科大概念。笔者通过分析教学重点、难点，认为知识的核心在于单位圆对于三角函数的坐标化表示有着重要意义。

因此，这个章节的学科大概念可以归纳为：三角函数反映的是匀速圆周运动的数学模型；正弦函数、余弦函数是最基本、重要的周期函数，反映了单位圆的对称性与周期性。核心问题为：用数形结合思想，利用单位圆研究三角函数的概念、图象和性质。

（五）基于大概念的初中数学单元整体学习设计

2020 年 8 月 18 日，"大概念教学主题研讨暨山东省基础教育教学改革论坛"在山东省济南市历城区实验小学举行，会议采取了线上线下同步进行的混合方式。活动结束时，线上有 22503 人次参加，线下有 12 个分会场约 1000 名教师集中观看了研讨活动。后续仍不断有老师观看视频回放，学习人次不断上升。下面要介绍的"基于大概念的初中数学单元整体学习设计案例"（见下页表）即是这次活动中展示的案例之一，由山东山大基础教育集团数学课程团队开发，由刘璇老师主要撰写并进行现场展示（收入此书时有改动）。该案例也可以作为项目化学习的参考材料。

在这个案例中，要学习的内容是"坐标与图形位置"。根据对课程标准、教材等课程资源及学情的分析，将学习内容具体分解为：

（1）结合实例进一步体会用有序数对可以表示物体的位置。

（2）理解平面直角坐标系的有关概念，能画出直角坐标系；在给定的直角坐标系中，能根据坐标描出点的位置、由点的位置写出它的坐标。

（3）在实际问题中，能建立适当的直角坐标系，描述物体的位置。

（4）对给定的正方形，会选择合适的直角坐标系，写出它的顶点坐标，体会可以用坐标刻画一个简单图形。

（5）在平面上，能用方位角和距离刻画两个物体的相对位置。

项目名称：设计校园寻宝游戏		项目时长：7课时
学科：数学	教师：刘璇 等	年级：8年级

相关学科：略

项目简述：本项目以举办"校园寻宝"游戏比赛为情境，引导学生绘制符合要求的寻宝图。学生要利用"位置与坐标"一章中的相关知识设计宝藏的寻宝说明，并依据寻宝说明进行寻宝比赛。游戏结束之后，选出优胜小组，并将最佳藏宝设计作品在全校进行展示。在此过程中，培养学生的合作意识、团结意识、对知识的应用意识，以及表达能力、沟通能力等。

教材和相关资料：
北师版八年级上册第四章"位置与坐标"；
集团质疑式数学学材第16章"位置与坐标"。

<table>
<tr><td rowspan="4">核心知识</td><td colspan="4">1. 列出这一单元所涉及的主要知识点。</td></tr>
<tr><td>核心素养</td><td>大概念</td><td>相关概念</td><td>具体目标</td></tr>
<tr><td>空间观念</td><td>在平面上确定点的位置需要明确两个数据</td><td>确定位置（有序数对、方位角，以及距离）</td><td>1. 对现实世界中确定位置的现象进行观察、分析、抽象和概括，进一步发展空间观念。
2. 认识并画出平面直角坐标系；在给定的直角坐标系中，会根据坐标描出点的位置、由点的位置写出它的坐标。
3. 能结合具体情境灵活运用多种方式确定物体的位置。</td></tr>
<tr><td>模型思想</td><td>直角坐标系是平面上确定点位置的有效工具</td><td>平面直角坐标系</td><td>在实际问题中，能建立适当的直角坐标系，描述物体的位置，体会可以用坐标刻画一个简单图形。</td></tr>
</table>

2. 提炼学科关键概念或能力。
（将小技能整合成大技能，将零散的知识提炼成核心知识）
数据分析（针对研究对象获得相关数据，运用统计方法对数据中的有用信息进行分析和推断，形成知识）与问题解决。

驱动性问题	1. 本质问题。 （将学科关键概念或能力转化为本质问题） 如何通过确定宝藏的位置培养学生的空间观念和几何直观？ 2. 驱动性问题。 （将本质问题转化为适合的驱动性问题） 也许你玩过真人 CS、密室逃脱等真人实景游戏，但是你一定没有玩过校园寻宝，更没有亲身设计过属于自己的一款游戏。本学期初，我们将在山东大学洪楼校区进行一场大型真人实景游戏——校园寻宝。其规则如下：（1）每个小组自行设计寻宝图；（2）抽签决定将要进行 PK 的小组；（3）从拿到对方所给的寻宝图开始计时，根据图中的说明寻找宝藏，直至返回起始点，计时结束；（4）所有小组中，用时最短并且找到所有宝藏的为优胜小组。你想成为游戏中的胜利者吗？那就赶快加入我们吧，游戏的大幕即将拉开，让我们拭目以待……

成果与评价	个人成果： • 初步设计的寻宝说明； • 根据任务分工，完成相应的设计任务； • 常规纸笔测试。	评价的知识和能力： • 能选取恰当的方式确定位置； • 会建立平面直角坐标系，会根据坐标描出点的位置、由点的位置写出它的坐标； • 会用坐标刻画一个简单图形。
	团队成果： • 藏宝图＋寻宝说明； • 班级评出最佳藏宝图。	评价的知识和能力： • 能根据所学设计有特色的寻找说明； • 数学表达与交流。
	公开方式： 在全校范围内举行优秀作品展示会，表彰优胜小组、最佳设计组、最佳搭档组。	

高阶认知	主要的高阶认知策略： 问题解决：明确规则、确定思路、分解任务、形成作品。 决策：根据标准，设计寻宝说明。 创见：寻宝设计说明新颖且实用。

	涉及的学习实践: • 探究性实践: 在问题的驱动下, 学习相关知识, 以此建构理解并运用到设计中, 然后讨论设计是否可行, 进行修订与完善。 • 社会性实践: 在班级和小组中分工协作, 共同完成作品。 • 调控性实践: 设计寻宝说明; 如果遇到困难, 修订和反思。 • 技术性实践: 利用电脑制作展示用的 PPT。	评价的学习实践: • 探究性实践; • 社会性实践; • 调控性实践。
实践与 评价	项目过程: 1. 入项活动 (第一课时)。 • 呈现有关 "游戏设计、藏宝图" 的故事, 激发学生的兴趣。 • 引出驱动性问题 (如前所述)。 • 头脑风暴。针对此问题, 你有什么想法? a. 如何成为优胜小组? (让对方寻宝的时间更长→不容易确定宝藏的位置→本组设计的藏宝图 "不同寻常"。) b. 怎样绘制一份 "不同寻常" 的藏宝图? (藏宝点不重要, 关键是寻宝路线或寻宝说明; 要设计一份 "不同寻常" 的寻宝说明, 即以一种更 "神秘" 的方式描述藏宝点的位置, 以便增加对方确定宝藏位置的困难程度。) c. 怎样的方式是 "神秘" 的呢? 用数学语言来描述寻宝说明, 尽可能多地运用 "位置与坐标" 一章中涉及的知识点。如果对于本章, 你知道的多、会的多, 应用得巧妙, 定能体现你的 "神秘" 之处。 d. "宝藏" 是什么? 每个人精心准备一份 "宝藏" (个人非常喜欢、愿意送给他人做礼物、不太贵重、附上祝福语/心愿卡的自有物品)。 • 进而引出对资料包 (确定位置 + 平面直角坐标系) 的学习, 以便设计出更神秘的寻宝说明。 • 教师布置明确的课下任务: a. 每人自学资料包 "确定位置+平面直角坐标系 (1)", 记录疑惑 (个人成果)。 b. 小组内在 "山大洪楼校区平面图 (带有方格纸)" 中确定 6 个藏宝点 (团队成果), 组内每个人尝试运用所学, 初步设计 6 个藏宝点的寻宝说明 (个人成果)。 2. 答疑解惑, 初步设计 (第二课时)。 • 部分学生展示寻宝说明, 教师依据学生的初步设计巩固本节的主要知识点 (确定位置的基本方法 + 平面直角坐标系的基本特征)。 • 教师针对学生的疑问进行答疑, 借助个性超市进行当堂检测。	

实践与评价	• 教师抛出问题：使用上述知识描述宝藏的位置，这样的寻宝说明"神秘"吗？还有没有更"神秘"的方式，让对方不易确定宝藏的位置，进一步增加寻找难度呢？ • 根据学生的回答，引出资料包"平面直角坐标系（2）的学习"。 • 教师布置明确的课下任务： a. 自学资料包的内容，有问题及时记录； b. 每人根据所学，利用本节知识自行修改上节课中确定的 6 个藏宝点的寻宝说明（个人成果，仍然使用带有方格纸的地图纸）。 3. 答疑解惑，改进设计（第三课时）。 • 部分学生展示改进的寻宝说明，教师依据学生的改进设计巩固本节的主要知识点（特殊点的坐标特征）。 • 教师针对学生的疑问进行答疑，借助个性超市进行当堂检测。 • 教师抛出问题：还有没有更独具一格的设计呢？如果去掉方格纸的辅助，大家还能怎样设计寻宝说明呢？ • 由学生的回答，引出资料包"平面直角坐标系（3）"的学习。 • 教师布置明确的课下任务： a. 自学资料包的内容，有问题及时记录； b. 提供没有方格纸的地图纸，学生设计寻宝说明。 4. 答疑解惑，再次改进（第四课时）。 • 部分学生展示没有方格纸的寻宝说明，教师依据学生的设计巩固本节的主要知识点（怎样建系、建系的标准是什么）。 • 教师针对学生的疑问进行答疑，借助个性超市进行当堂检测。 • 教师点明还有一些知识点能帮助我们更好地设计寻宝说明，引出资料包"两点之间距离公式及中点坐标公式的学习"。 • 教师布置明确的课下任务： a. 自学资料包的内容，有问题及时记录； b. 课下，学生再次修改寻宝说明，形成组内的最终设计图，做好藏宝的一切准备工作。 5. 开始比赛，做好记录（第五课时）。 • 按照要求，开展比赛，教师全面观察，并做好记录（需要用到计时器，可请外援辅助老师），确定优胜小组（时间限制为 30 分钟，即使宝藏没有找全，也要在规定时间内回到起始点，迟到者将会扣除一定分数）； • 每个小组筹备比赛过程展示，针对全过程（从拿到藏宝图开始到整个比赛结束）进行展示说明，比如如何确定宝藏的位置、如何规划路线、如何进行分工、有什么想法和收获、比赛结束后有哪些改进意见。

实践与评价	6. 你说我记，分享展示（第六课时）。 • 按照名次进行展示，师生共同倾听。 • 所有听众根据展示评出最佳设计组、最佳搭档组。 7. 反思总结，效果反馈（第七课时）。 • 纸笔测试。 8. 出项活动。 • 每个班选出优秀作品（两个最佳），在全校师生面前进行展示。 9. 双线并行的项目评估。 • 基本知识、基本技能评价（纸笔测试）。 • 学科素养评价。 • 跨学科素养评价。
所需资源	• 每个人精心准备一份"宝藏"。 • 纸、笔、橡皮、直尺、电脑（制作 PPT）等。 • 进行学科基础知识学习的资料包。

学生学习的重难点：让学生充分经历确定物体位置的活动过程，在过程中体会到，不管用什么方法来确定一个物体在平面上的位置，都需要两个数据；借助平面直角坐标系，理解点与坐标的一一对应关系。

提炼出的大概念：

方位和位置：空间中的物体可以有无数种方向，一个物体在空间中的位置可以被定量描述；在二维平面中，物体的位置需要两个因素进行描述。

在这个案例中，有几处特别优质的设计值得我们共同学习：

1. 基于课型变革的清晰实施流程

在基于大概念的单元整体学习的背景下备课，才有可能使课堂教学发生本质的变革。从项目研发组提供的"项目实施流程图""教材内容与单元课时设计对照图"（见下页）可以看出，三大版块的课程设计是对传统课堂教学的提升，大大增加了学生自主、合作、探究的机会。这是山东大学附属中学质疑式教学的一贯传统，此研究成果曾在 2018 年获得过国家级教学成果二等奖。

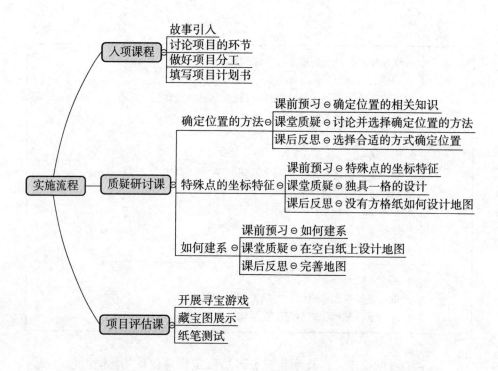

2. 表现性任务的开放性与趣味性

在基于大概念的大单元整体学习中，设计不出优质的表现性任务是很多老师面临的实际困难，也是教育教学质量难以有质的提升的原因所在。本课例选取了校园寻宝这样一个真实的而且颇具诱惑力的任务，也就是自带动力的任务，给学生带来了足够的惊喜与冲击力。

这个任务是如何设计出来的呢？请看刘璇老师展示时给出的"表现性任务设计构思路线"（如下页图所示）：在核心观念的统帅下，从引导性问题出发，紧扣核心内容，以游戏的形式呈现，设计驱动任务与活动，培养学生的核心素养。

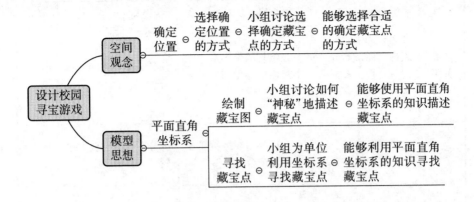

3. 科学的评价作保障

科学有效的评价量规是保障项目质量的重要方法，下面是刘璇老师展示的本单元的评价量规：

（1）过程性评价。藏宝设计评价量表和小组合作评价量表，示例如下：

<table>
<tr><th colspan="5">藏宝设计评价量表</th></tr>
<tr><th>维度</th><th>优秀（4～5分）</th><th>合格（2～3分）</th><th>待提高（0～1分）</th><th>得分</th></tr>
<tr><td>语言描述（5）</td><td>信息充分：在寻宝说明中能正确运用数学语言进行描述；能精准确定宝藏的具体位置</td><td>信息完整；在寻宝说明中能较好地利用数学语言进行描述；能确定宝藏的大体位置</td><td>重要信息缺失；在寻宝说明中不能很好地运用数学语言进行描述</td><td></td></tr>
<tr><td>包含的知识点（5）</td><td>在寻宝说明中能利用本章知识点（5个及以上不同类型）描述宝藏位置</td><td>在寻宝说明中，能利用本章知识点（3～4个不同类型）描述宝藏位置</td><td>在寻宝说明中能利用本章知识点（0～2个不同类型）对位置进行描述</td><td></td></tr>
<tr><td>设计特色（5分）</td><td>设计独特新颖，给人留下深刻印象</td><td>设计有一定特色，有想法</td><td>设计一般</td><td></td></tr>
</table>

小组合作评价量表				
维度	优秀（4～5分）	合格（2～3分）	待提高（0～1分）	得分
成员分工（5）	在组长的带领下，小组内部能做到分工明确且合理，发挥个人优势，高效完成寻宝活动	在组长的带领下，小组内部能做到分工明确且合理	任务分配不明确、不合理	
参与程度（5）	全员积极参与、组员之间配合默契	全员参与、组员能够相互配合	部分参与、配合度比较低	
寻宝成果（5）	在规定的时间内找到所有宝藏	在规定的时间内找到4～5个宝藏	在规定的时间内找到0～3个宝藏	

（2）结果性评价：单元纸笔测试。

4.学习成果导向

在全校范围内的公开展示，这是从课程的视角观照课堂，提升教学。

（六）基于大概念的小学数学教学设计

如下案例也是在"大概念教学主题研讨暨山东省基础教育教学改革论坛"上展示的案例之一，由齐鲁名校长韩相福所领导的潍坊峡山二七一双语小学团队研发，耿广慧老师现场展示了《完美的图形——圆》大单元整体学习设计（收入此书时有改动）。

圆是学生小学阶段学习的第一个曲线图形，对学生研究曲线图形有重大意义。圆是学生小学阶段学习的最后一个平面图形，学生在学习圆的过程中要打通所有平面图形的联系，最终形成对平面图形的整体认知，这对于学生系统学习数学有深远意义。圆承载着很多数学思想，例如转化思想、极限思想，对学生核心素养的发展至关重要。"大单元整体教学思路：教学评一致性的过程"如下页图所示。

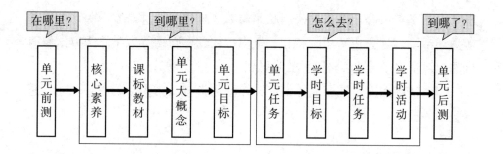

1.单元前测

单元教学与课时教学都要以"先学后教"的思想作指引，教师以"问题串"的进行单元前测任务设计：

（1）小学阶段学过哪些图形？

（2）你对圆这个图形有哪些了解？在哪里见过？它与学过的图形有什么不同？

（3）研究一个图形我们通常研究它的哪些内容？

（4）对于圆你想研究些什么？

2.大概念

《墨经》中曰："圆，一中同长也"，即圆是到定点的距离等于定长的点的集合。

3.单元目标

（1）知识技能：发现圆的特征，认识半径、直径，理解同一个圆中直径与半径的关系；会用圆规画圆。理解圆周率的意义，掌握圆周率的近似值；理解和掌握圆的周长、面积的计算公式。

（2）数学思考：经历探索圆的周长和面积计算方法的过程，感受转化的数学思想方法；在观察、操作、思考、交流等活动中，进一步发展抽象、概括、推理的能力。

（3）问题解决：在圆周长、面积计算公式的推导过程中，学习解决问题的一些基本策略，体验解决问题策略的多样性。经历观察、类比和猜测等数学活动，学会用猜想、转化、极限、比较、归纳等数学思想方法解决问题，初步感受转化、极限等数学思想。

（4）情感态度：结合具体情境，体验数学与日常生活的密切联系，感受数学的魅力。

4. 问题与任务

以单元大任务"欢乐射飞镖，开心赢大奖"为例，"单元整体学习问题任务单"的设计如下表所示：

阶段任务	问题引领	在情境和问题驱动下学习圆	学时安排
制作飞镖投射盘	问题1：圆是什么？它与我们以前学的图形有何不同？ 问题2：如何又快又准地画出一个圆？ 问题3：圆有哪些特殊的地方，我们可以怎样研究？	圆的概念和性质、圆的对称性	1
装饰飞镖投射盘（需要多少橡胶条）	问题1：你的飞镖盘至少需要多长的橡胶条？解决这个问题实际就是求什么？ 问题2：怎样更快求出所需橡胶条的长度？你有什么好方法？ 问题3：还有哪些图形的周长研究方法和圆是一样的？	圆的周长	1
中奖区域设计是否符合要求	问题1：如果我们想让得一等奖的可能性最小，二等奖次之，三等奖最大，该投射盘是否满足要求？ 问题2：想要比较一、二、三等奖得奖的可能性，实际上就是比较什么呢？ 问题3：还有哪些图形的面积研究方法和圆的是一样的？ 问题4：能否找到一种方法可以求任何一个图形的面积？	圆的面积	2

5. 嵌入式评价

"单元整体学习评价量规"如下表所示：

任务		制作飞镖圆盘	购买多长橡胶条	巧设中奖区域
学习标准		1. 认识圆的各部分名称。 2. 用圆规画图。	1. 会用多种方法测量圆的周长并推导圆的周长。 2. 会用公式计算圆的周长。	1. 探索并掌握圆的面积公式。 2. 会用公式计算圆的面积。
达标举例		1. 说说什么是圆。能说出什么是圆心、半径、直径及半径与直径的关系。 2. 知道圆规两脚间的距离就是半径。 3. 能用圆规画出标准的圆。	1. 能用滚动性、绕绳法等方法测量圆的周长。 2. 能发现圆的周长和半径（直径）的关系。 3. 计算出半径为2cm的圆的周长。	1. 已知半径=2cm（直径=4cm或周长=12.56cm）可以求出圆的面积。 2. 给出大圆和小圆的半径可以求出圆环的面积。
达标水平	待提高	知道什么是圆。但不能描述特征。	知道圆的周长，但不会计算。	知道圆的面积，但不会计算。
	合格	知道什么是圆。能说出圆心、半径、直径及半径与直径的关系，会用圆规画图。	知道圆的周长。会测量圆的周长。会计算圆的周长。知道周长与半径（直径）的关系。	会求圆的面积。给出大圆和小圆的半径时会求圆环的面积。
	良好	能描述圆的特征、直径、半径。知道同一个圆中直径与半径的关系。会判断扇形。找出圆心角。会用圆规画图。	能说出圆的周长。能用自己的方法得到圆的周长计算方法，知道圆周率，但不能灵活运用其解决问题。	能说出圆的面积和圆环的面积。能用自己的方法总结出圆的面积和圆环面积的计算方法，但不会灵活运用。
	优秀	能描述圆的特征、直径、半径，知道同一个圆中直径与半径的关系，会判断扇形找出圆心角，并会用圆规画图。	能说出圆的周长，能用自己的方法得到圆的周长计算方法，知道圆周率，能熟练运用周长公式解决实际问题。	能说出圆的面积，能用自己的方法总结得出圆的面积和圆环面积计算方法，能熟练运用面积公式解决实际问题。

6. 单元后测

以纸笔测试的方式进行。

第四章

基于大概念的课时教学设计优化

　　课堂教学是落实学生核心素养的重要阵地。如果仅从教学技术层面变革课程，终归是肤浅的。只有从课程的视野变革课堂教学，才能使课堂教学产生真正意义上的深度变革。基于大概念的教学设计为课堂教学变革找到了基点与方法，以大概念为统领的课堂教学使得教学内容更加结构化，指向了培养学生核心素养的学习。

　　我们的研究，采取了大学教授与一线教师密切合作的课例研发方法，让每一位参与其中的老师都受益匪浅。我们研发了语文、数学、英语、物理、化学、地理等多个学科基于大概念的教学设计，促进了课题组老师们的发展。这里仅举其中的一部分案例。

一、基于大概念课时教学设计一般步骤

教学设计是教师的基本功，老师们并不陌生。

（一）教学设计的一般内容

　　教学设计，既不是只设计"教"，又不是仅设计"学"，"教"与"学"是双向互动的，既要考虑"教"，也要思考"学"。教学设计须把"教"与"学"结合起来。一份完整的教学设计，主要包括如下内容：

- 课程标准与教材分析。教学设计要依据课程标准与教材的相关要求来开展。
- 学情分析。也就是学习者分析。

- 教学准备。各种方面的准备，如环境、场地、教学工具等。
- 教学目标确定。从学生的视角说，就是"学习目标"确定。
- 教学资源利用与开发。与课程资源的开发紧密关联，教师要有资源开发意识。
- 教学方法和手段选择。教学方法、手段或许很多，选取主要的进行介绍。
- 预习设计。也称学业纸设计或导学案设计等，不过有的导学案不仅介绍预习部分的内容，还包括课中、课后内容。
- 学习任务设计。有时也称作"学习活动设计"，两者有很多相同的部分，这里把学习任务与学习活动整合在一起。任务或活动要以问题的形式呈现。
- 教学过程设计。这是教学设计的核心部分，一般篇幅较长。
- 学习评价设计。这是贯穿于整个设计过程之中的。
- 板书设计。
- 作业设计。
- 教学反思。

在一份教学设计中，上述内容不一定全部都涉及，可以根据需要安排详略。如果从学生的视角表述，教学目标就是学习目标，教学过程就是学习过程，教学方法就是学习方法，教学资源就是学习资源等。

笔者与课题组成员共同研究设计了"学生使用学习单模板"（见下表），主要特点是基于大概念开展教学，以预期学习成果为导向，以核心问题与驱动型或自带动力的任务为抓手，以评价为保障。

年级学科		学生姓名		学习内容与时间	
内容		活动		评价	
学习目标		3～5条预期学习成果。 我理解了什么？我学会了什么？我能做什么？		成果可操作、可测量	

学习过程	学习探究	核心问题＋自带动力的任务： 子问题一＋子任务一； 子问题二＋子任务二； 子问题三＋子任务三； ……	教学评一体化； 嵌入式、多元化评价； 会使用评价量规、学习支架学习
	迁移应用	新情境、新问题： 问题一＋任务一； 问题二＋任务二； ……	
学习方式		自主、合作、探究。	展示，让学习可见
学生问题单		你能提出什么问题？ 小组讨论后还有什么问题？	监控持续理解力、 思维能力
总结反思		掌握的概念与事实，形成的具体技能，能够迁移应用的能力。	成果导向

在给学生使用的学习单中，我们没有把大概念设计进去。原因在于，根据学情与学习内容的不同，大概念有时可以明确地告诉学生，有时则没有必要告诉学生，尤其是面对低学段的学生。但是，教师在为学生设计学习目标、核心问题、表现性任务、嵌入式评价时，都是围绕着大概念进行的，促进学生对大概念进行持久理解。

（二）基于大概念的教学问题设计

问题设计要注意区分基本问题与非基本问题。根据《追求理解的教学设计》① 一书，基本问题（essential question）指的是不仅能够促进对某一特定主题单元内容的理解，也能促进知识间的联系和迁移的问题。

---

① 格兰特·威金斯，杰伊·麦克泰格. 追求理解的教学设计 [M]. 闫寒冰，译. 上海：华东师范大学出版社，2017.

基本问题与非基本问题的区别如下表所示。

基本问题	非基本问题
与真实世界相关联	与教科书的特定内容相关联
答案是开放性的，并且这些答案会引发新的思维	答案是唯一或有限的，并且这个答案常常是教师预先准备好的
反映专家思维方式，因此可以被反复讨论，在学习中不断提及	揭示已有专家结论，常常只局限在某个内容里，后面的学习不再提及
能引发学生的好奇心，吸引学生主动参与到学习中来	学习常常是被教师表扬、同学羡慕等外在动机所驱动的
需要掌握不同的观点和视角，查阅课内外的各种材料	只要掌握特定的内容就可以回答，不需要查阅额外的资料

基本问题与非基本问题的根本区别在于目标不同，基本问题是和大概念目标相配套的，指向理解专家思维方式，而非基本问题则和知识与技能目标配套，指向记忆已有专家结论。

基本问题引领学生理解学科的本质，基本问题"为讨论"，非基本问题"为背诵"（这里并不是说背诵不重要）。麦克泰格认为，基本问题的三组基本内涵是"重要"和"永恒"、"基本"和"基础"、"必要"和"专业"。

基本问题是引导学生理解大概念的路径，是推进大概念教学的动力，是打开大概念教学之门的钥匙，因此教师设计优质基本问题的能力是非常重要的。

如何确定基本问题？根据麦克泰格等提供的六条线索，归纳出如下六种方法：

方法1：从课程标准中发现基本问题。找出课程标准中的关键词汇，特别是反复提及的一些核心词。比如，如前所述，高中生物课程标准中有着明确的提示。

方法2：从课程内容中发现基本问题。课程内容好比基本问题的答案，那么可以倒过来思考，如果要得出这个答案，我应该问什么问题呢？

方法3：从大概念的不同形式中发现基本问题。以营养学这一话题为例，有一系列由理解目标引出的基本问题，比如：理想体重是多少？（概念——肥胖）我的饮食和健康有什么关系？（观念——饮食影响健康）我们应该吃什么？（论题——平衡膳食）

方法4：从整体性问题中得出基本问题。基本问题也有不同的大小和范围，"整体性的基本问题"的具体化就是"局部性基本问题"，比如文学的整体性基本问题是"优秀的作家是如何吸引读者的？"那么具体到魔幻小说单元的局部性基本问题就是"优秀的魔幻小说家是如何吸引读者的？"

方法5：从错误认识中寻找基本问题。学生常有的错误认识往往提示教师这就是学生理解的难点，因此更应该利用基本问题澄清他们的认识。比如就"科学方法无非是反复实验"这一误解可以衍生出这样的基本问题：有哪些主要变量是需要控制的？我们如何来检查实验的有效性？

方法6：从理解的六个维度来定位基本问题。解释、释译、运用、洞察、移情和自我认识是理解为先的教学设计所界定的理解的六个维度。以国外恐怖袭击事件的分析为例，有下面六个问题：

恐怖袭击的原因和结果是什么？（解释）

为什么他们会有仇恨？（释译）

怎样避免此类事件的再次发生？（运用）

袭击者的故事是怎样的？（洞察）

为什么袭击者会选择自杀式袭击？（移情）

恐怖袭击在哪些方面影响了我们的生活？（自我认识）[①]

笔者认为，问题的提出既可以是教师也可以是学生，教师要注意教会学生提问，提出关系学科本质的问题，提出有思维力度的问题，以及通过比较提出问题。此外，学生的问题是宝贵的课程资源，教师要善于使用。

（三）基于大概念的教学表现性任务设计

表现性任务是一种独特的评估方式。通常要为学生结合生活实际设计

---

① 刘徽，俞建华. 大概念教学中基本问题的设计 [J]. 上海教育，2020（11）：61-64.

一个情境化的具有挑战性的需要完成的事项，并提前告知学生评估指标和表现标准。因为这种任务有一定的开放性、趣味性，因此，我们也称作自带动力的驱动性任务。也就是说，当学生看到这个任务要求时，能够自觉地激发起完成任务的冲动与欲望。

表现性任务设计的一般步骤如下：

1. 明确任务目标

此目标与学习目标一致。通过目标思考达成目标的评估证据是什么，如何促进学生对大概念及概念群的深度理解。

2. 明晰任务要求

谁来做？是学生一个人来做，还是同位合作、小组合作？

做什么？往往要结合生活情境，设计真实的任务。

怎么做？完成任务的步骤是什么？过程是如何设计的？尤其是针对年纪小的学生，更应该交代详细、清楚。

效果如何？效果可以用学生的学习产品来衡量，学生的学习要产出成果。要有一定的评价标准来检测任务完成的情况。如，针对表现性任务要设计与之相应的评价量规，任务是为达成教学目标服务的，目标、问题、任务之间存在着高度的一致性。

表现性任务的难度把握可以参考 SOLO 分类层级：前结构层次、单点结构层次、多点结构层次、关联结构层次、抽象拓展层次。例如小说单元学习的表现性任务层级：

（1）基本没有读懂小说（前结构）。

（2）确定小说表达的主要内容思想（单结构）。

（3）列出小说中能支持中心思想的细节、事件（多结构）。

（4）解释相关细节、事件是如何传达中心思想的；比较相关与不相关的细节和事件（理解关系）。

（5）评估哪一个相关细节、事件在传达小说中心思想中最为重要，说出原因（扩展抽象）。

3. 关联各子任务

设计主任务与一系列子任务，将任务具体化，检查任务之间的有效性与一致性。评价设计也要与表现性任务的各个组成元素保持一致，如果不一致，要及时修正。

4. 开发评价量规

评价量规除了担负着重要的评价功能，更重要的是具有指导作用，是学生自主、合作、探究学习的脚手架。教师可以将教学内容中的不同元素与目标分解，并根据一定标准为它们分配不同的分值，从而设计合理的权重。根据不同的情况，决定设计评价量规的个数与复杂程度。

任务目标的达成可借助于有效的反馈，包含教师、学生的自主反思。

（四）基于大概念的教学评价设计

现实中，老师们认真、勤奋地进行教学设计，经常采用集体备课的方式，大家研讨出一个最佳的备课方案，备课质量非常高。老师拿着优质教案去上课，然而，学生考出来的成绩呢，却令人头痛。学生说："老师啊，我如果不考得孬一点，你就不知道你教得怎么样。"这是我们老师心中长久的痛。我们付出了很多努力，但是，效果却不尽人如意，怎样才能保障老师的教学设计能够很好地落实到学生那里？如何解决这个"痛点"？笔者认为解决的良策就是教学评价。

教学评价是根据教学目标，运用特定的方法和手段对教学过程及其结果进行价值判断的活动。教学评价的主要目的是获取教学活动的反馈信息，检测学生学到了什么，学到何种程度，教学是否达到了预期目的。若没有达到，则要弄清楚具体的原因是什么，有没有加以调整的可能和必要，如何调整等。教学评价具有诊断功能、激励功能、调节功能。不要等到期末考试才真正关心学生的学习情况，而是在每时每刻都关注学生学得如何。需要牢记的是：教了不等于学了，学了不等于学会了。像教练员训练运动员一样，时刻有一把评价的尺子引导与规范学生的学习。

无论是教学评一体化，还是逆向教学设计，抑或是理解为先的教学设计，都特别强调嵌入式评价的重要性。在本书的第六章，笔者专门介绍了评价量规的设计，以帮助教师做好评价。教学评价是一门艺术，教师的语言艺术、引导艺术、激励艺术等都可以在课堂教学中得到集中体现，表现出一位教师的教学机智、教学能力、教学素养等。同时，教学评价是提升课堂教学质量的重要保障。

根据加涅的研究，从全面的观点看，教学系统评价至少包括以下五种类型：

（1）教学材料评价。已证实一套新开发的教学材料能有效导致学生在学习目标上的成就吗？

（2）教学系统设计过程的质量评论。已经以满意的方式执行了教学系统设计过程吗？有没有可以改进过程的方式？

（3）学习者对教学的反应的测量。学习者认识到教学与传输环境的某些方面是有吸引力的和有效的吗？

（4）学习者在学习目标上的成就测量。在已确立的教程中学习者完满地达到了教程的学习目标吗？

（5）教学效果的估计。学习者将其知识技能迁移到合适的环境中并有助于组织成功地达到其目标吗？[①]

如此重要的教学评价，恰恰是课堂教学的薄弱环节，下面简要介绍下教学评价存在的问题与改进策略。

第一，教学前不做诊断性评价，课中不评价。

比如，有位教师在执教《端午的鸭蛋》一课时，最后10分钟时间让学生仿照其语言特点描写自己家乡的特产。学生自主写完后，下课。学生不知道自己写得好还是不好，问题是什么，怎么修改。下一节课也没有做这项工作，就不了了之了。

嵌入式评价可以解决这个问题，为学生设计评价量规，给学生预习单，学习目标是可评价、可测量的。

---

① 加涅，等.教学设计原理［M］.上海：华东师范大学出版社，2018.

第二，笼统，没有指导价值。

学生回答完问题后，教师评价说："太棒了！""太好了！""你真聪明！"如此笼统的评价不是绝对不能使用，但是，经常使用，效益如何呢？

棒，要说出棒在哪儿；好，要说出好在何处。比如文言文翻译，是把重点实词翻译准确了，还是把虚词翻译到位了，抑或是把特殊句式翻译顺畅了？评价要具体明确，让学生学得明白。

第三，错位，没有针对性，轻目标达成评价。

在评价中一定要密切联系学习目标，针对学情，注重学生的个别差异。可以给不同层次的学生制定不同的评价要求。

第四，偏差，缺过程性评价。没有针对情感态度与价值观的评价。

加强过程性评价，而且注意评价的全面性。

第五，教师、学生对评价标准都不清楚。或者教师知道评价标准，学生不知道评价标准。

评价标准先行，这是在教学设计中首先要设计出来的。

第六，重纸笔小测验，评价方式单一。

教学中，除了纸笔测试这种常见的评价方式之外，可以采用多元化的评价方式（如下图所示）。

A 成长档案袋

B 当堂提问

C 问卷调查

D 动手操作

E 展演成果（说、写、表演）

F 画知识树（思维导图）

教师要善于实施嵌入式评价，及时跟进，时时监控，及时纠错，以保障教学效果。本书的一些案例中就有教学评价设计，可供读者参考。评价工具设计参见第六章。

二、单元视域下的课时设计优化

单元教学设计，最终是要落实到课时中来实施的，单元设计与课时设计密切相连。这里，以部编语文教材中九年级下册第二单元的《蒲柳人家》一课为例，展示在单元视域下的课时备课思路。

部编语文教材以人文主题和语文要素"双线组元"的编排方式突显了单元教学的价值，把单篇文本学习放在单元、学期、学年学习相融通的宏观视野之中，为语文课程的教与学带来了新的生机与活力。以单元为单位组织学生学习已越来越被重视，单元视域下的课时备课也日益走进教师的日常教学生活。这里从单元视域入手，对语文课时教学设计提出优化建议与意见。

从单元视域优化课时教学设计的路径为：以学科大概念为统帅，从课程分析入手，设计学习目标、核心问题、表现性任务。以嵌入式评价为手段，为学生提供学习支架、评价量规等，开展自主、合作、探究式学习，促进学科核心素养的培育。[①]

（一）单元教学是解决现实教学困境的有效方法

1. 现实教学的困境

现实的语文教学，普遍存在着碎片化学习，浅层学习代替深度学习的问题。以九年级下册第二单元为例。该单元包含教读课文《孔乙己》《变色龙》，自读课文《溜索》《蒲柳人家》；"写作：审题立意"；"综合性学习：岁月如歌——我们的初中生活"。不少教师习惯于单篇教学，四篇小说都按照梳理情节、分析人物形象、欣赏小说语言、理解主题的方式一一讲解，整个教学设计缺乏新意，难免单调沉闷，缺少激发学生学习热情的有效因素。另外，《孔乙己》《变色龙》为传统经典篇目，名师授课案例较多，不少教师望而生畏，困于名师授课思路，认为很难教出新意，不愿选择这样的篇目作为公开课、观摩课的教学内容。笔者研究了大量的《蒲柳人家》教学案例，发现存在两个倾向：一方面，教师大多在文本表层打转，只带领学生

---

① 徐洁. 单元视域下的课时教学设计优化 [J]. 初中语文教与学, 2021（3）: 37-41.

学习作者"写了什么",答案一般可以从文本中直接找到,问题、任务设计没有深度,学生只承担了"搬运工"似的工作;另一方面,教师先带领学生品析人物形象,再分析语言,把人物形象分析与语言欣赏割裂开来,重复啰唆,且知识碎片化。上述教学设计没有引发学生的思维碰撞,思维含量欠缺,不利于学科核心素养的培育。

2. 单元教学设计内涵分析

单元教学设计就是从单元角度出发,根据单元学习需要,把单元知识作为相对独立的学习单位指向一定的学习目标,综合利用各种学习方式、方法、策略,经过一定的时间完成整体性的单元任务学习。单元的历史可以追溯到 19 世纪赫尔巴特学派戚勒(Ziller)倡导的五阶段教授法。后来,人们开发了多种多样的单元:项目单元、问题单元、课题单元、作业单元、活动单元、经验单元。基于核心素养的单元设计,应当成为我国中小学教师研修的重心。[1]

关于单元教学,实践界早已有一些探索,如重庆一中在 20 世纪 50 年代就曾经指出了单元备课的特点:研究单元内各课思想内容和表达方法的联系,教学怎样突出重点;研究单元内各课不同的内容、不同的文体、不同的语言风格,通过比较,选择不同的教法,使学生容易巩固各课的知识;研究单元内各课怎样进行系统的复习和巩固;研究单元教学怎样和作文教学、课外阅读、课外活动等密切结合。

单元教学设计较单篇教学设计而言,更关注知识之间的相互关联,强调学习之间的有机联系。因此,教师要设置一定的大情境,强调问题设置的层级性、序列性、完整性,设置一定的大情境,设计具有挑战性的自带动力的大任务。

3. 单元教学设计的价值

教学设计的一种策略是找到单元内文章的共性,"以便从一个角度进入

---

[1] 钟启泉.学会"单元设计"[N].中国教育报,2015-06-12(9).

单元文本的整体，并使这些看上去差异颇大的理解角度和结论建立起一定的内在联系，从而使得整个单元学习具有整体性。否则，每一篇课文都任凭教师按照各自的理解确定教学内容，在很大程度上便失去了单元学习的意义。"①

笔者认为这里所说的"一个角度"，可以从大概念思想入手，选择合适的学科大概念，统帅起单元教学。基于大概念的备课，包含哲学观念、共通概念（跨学科概念）、核心概念三个方面，有利于老师从课程视域出发，更深刻地理解文本。针对单元所有教学篇目，从横向、纵向等多维度解读文本，方法更为多样，内容更为丰富，有利于知识学习的结构化、系列化。"在读者、作者和文本之间，文本无疑是中心。文本由表层意象、中层意脉和深层文学形式的审美规范构成，其奥秘在千百年的创作实践中积淀。一般读者一望而知的只能是表层，教师、论者的使命乃是率领读者解读出中层和深层密码。"②

文本中层与深层所蕴含的密码，往往要关联作者、时代背景等文本背后的内容，可使用对照、比较、联想等方法，结合其他相同、相似文本进行联系性解读。单篇教学通常难以支撑起完整、真实的大情境和大任务，在研究单元教学内容的基础上进行有机的单元统整，有利于学生学习的迁移与应用，有利于学科核心素养的落实。

（二）单元视域下优化课时教学设计的课程分析

以部编语文教材九年级下册第二单元的《蒲柳人家》一课为例尝试分析。

1. 课标要求

《义务教育语文课程标准》（2011年版）提出的阅读教学要求有：欣赏文学作品，有自己的情感体验，初步领悟作品的内涵，从中获得对自然、

---

① 郑桂华."自然"概念、主客关系与人生境界——"自然与情怀"单元教学的支点、路径选择［J］.语文建设，2019（19）：4-8.
② 孙绍振.月迷津渡——古典诗词个案微观分析［M］.上海：上海教育出版社，2012.

社会、人生的有益启示。对作品中感人的情境和形象，能说出自己的体验。品味作品中富于表现力的语言。阅读教学应注重培养学生感受、理解、欣赏和评价的能力；让学生在朗读中通过品味语言，体会作者及其作品中的情感态度，学习用恰当的语气语调朗读，表现自己对作者及其作品情感态度的理解。

2. 学情分析

学生在此之前学习过小说，并读过一些小说。九年级上册第四单元是小说单元，综合性学习内容是"走进小说的天地"。学生曾经学习梳理小说情节，分析人物形象，品味小说语言，理解小说主题等。

3. 课程资源分析

教师教学用书是重要的教学参考资料，应该细细研究揣摩。书中的教学指导部分有明确要求：第一，要有意识地拓宽小说鉴赏的广度；第二，要有意识地加深小说鉴赏的深度；第三，要注意拓展阅读的范围，将阅读从课内引向课外。有如下两点需要格外关注的内容：（1）把握单元教学中小说不同的写作风格。《孔乙己》是一篇典范的现代小说，截取生活的横断面，选取最能反映人物性格的细节，刻画人物的性格和灵魂，鞭挞国民劣根性。《变色龙》是讽刺幽默小说，善于运用夸张和对比的手法来表现人物的丑恶灵魂。《溜索》是散文化的小说，选材独特，没有核心人物和尖锐冲突，通过人与自然环境的对比，凸显人物英雄气概。《蒲柳人家》继承了中国古典章回体小说的传统情节、表现技巧和艺术手法，善于用语言动作以及介绍外号由来等方式刻画人物的性格特点，表现中国底层人民的生活和精神风貌，富有传奇色彩，充满浓郁的民族风格的审美情趣。这四篇小说各自具有不同的风格与流派。阅读不同风格的小说，体会作者不同的审美趣味与表达旨趣，在鉴赏实践中培养鉴赏能力。（2）四篇小说在语言上各有特色。《孔乙己》表现出鲁迅特有的冷峻犀利，在简练的描写和对话中揭示人物的心理和性格。《变色龙》语言幽默风趣，随着狗主人的身份来回转换，人物的立场也在左右摇摆，辛辣的讽刺就隐含在人物的对话和举止之中。《溜索》语言奇绝，善用短句，用词精妙传神，凝练含蓄，而且比喻新奇，给人以深刻想象，读来别有一番风味。《蒲柳人家》像中国古代的评书，在叙述故事、描写人物时，采用的是活灵活现的民间口语与俗语，活泼伶俐，充满乡土气息。作者继承了说唱艺术的特点，讲究押韵和对偶，用词造句文白相见，读来抑扬顿挫，很有节奏感。

与四篇小说相关联的课程资源非常丰富，从鲁迅、契诃夫、阿成、刘绍堂四位作家的视角看，可以把作者与课文选文相近的小说作为课程资源进行分析。尤其教材中的《蒲柳人家》是节选文，教师一定要阅读全文。还可以阅读相关的评论文章与书籍，以便深入地了解作者及其写作风格。

4.教材分析

第一，教师要从"双线组元"和大概念的视角考察教材。本单元的人文主题：了解世态人情和时代风貌。语文要素：欣赏小说语言，梳理情节，分析人物形象，理解主题。品析语言、分析人物形象、理解主题，这些内容紧密结合，用学科大概念统帅，可以把知识有机地联系起来。"《蒲柳人家》的学科大概念与学习目标、内容的关系"如下图所示：

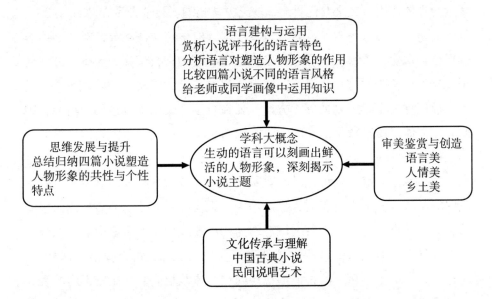

从上图可以看出，本单元的小说阅读，笔者提炼出的学科大概念为：生动的语言可以刻画出鲜活的人物形象，深刻揭示小说主题。四篇小说的共性之处也在于此。教学设计中应使用学科大概念统领起语文学科核心素养的四个方面——语言建构与运用、思维发展与提升、审美鉴赏与创造、文化传承与理解，着眼于学科核心素养设计学习内容，挖掘备课深度，提高问题的思维含量。同时，注重品味语言、分析人物形象与理解主题的内在关联性，使之相互融通，并能应用到新的语言材料中。人物形象的塑造方法，一般是通过语言、外貌、动作、神态、心理活动等进行细节描写，通过环境衬托，通过对比凸显等。这些方法是公认的，所谓学生真正读明白小说，不是只会分析小说的共同特征，而且要分析出每篇小说的独特之处，比如写作风格的不同、主题的各异，进而从一篇小说的学习，窥见小说家的整体创作风格，学习作者"是怎么写的，效果如何"，知道应采取怎样的阅读策略，将写作方法内化为自己的写作能力，弄清楚文本背后的文化内涵与精神风貌是什么，等等。如此，才是走向了小说阅读的深处，才能取得深度学习效果。

第二，教师要关注《蒲柳人家》在教材中的地位与作用。这是一篇自读课文，教学中要避免两种倾向：一是上成讲解课，重教轻学，没有发挥学生的主体作用；二是放任自流，缺乏方法指导。自读课重在"自"，突出学生的自己、自我、自主、自学。教读课，应聚焦方法指导，对文本内容进行合理取舍与聚焦，引导学生学方法，学能力；自读课，应聚焦方法使用，放手让学生学应用，重练习。自读课文与教读课文是一脉相承的，学生在教读课文中学习到的阅读方法，要在自读课文中加以运用与巩固。因此，自读课，要给学生更长的学习时间与更多的空间。教师要敢于放手给学生提问质疑的机会，让学生发现问题、提出问题、分析问题、解决问题。如果学生基础较好，则可让学生自主设计任务单，自行探究答案，巩固教读课的学法，让学生真正成为自读的主人。自读课，要找准与教读课之间的有效联结点，可以把学科大概念作为统帅多种课型的重要内容，充分发挥单元导读、旁批、阅读提示等的导读作用。例如，可以找出文体特点、写作方法、语言特色上的相似点或相同点。体裁相同时，比较不同的表达手段或不同的情感等。以本单元为例，在学习《孔乙己》《变色龙》时，学生学习赏析语言、梳理情节、分析人物形象的方法，在自读课中运用这些方法，但不是机械照搬，而是融会贯通，活学活用。教师要精心设计问题、表现性任务、评价量规等，发挥引领与指导作用，当学生遇到困惑时精讲点拨。教师要本着"教是为了不教"的指导思想，建立起"教读—自读—课外阅读"三位一体的阅读体系。

第三，教师要从单元视域下，关注四篇小说的横向融通。笔者在解读文本过程中，发现四篇小说都不约而同地写到了"手"这个细节。《孔乙己》："排出九文大钱"；"孔乙己显出极高兴的样子，将两个指头的长指甲敲着柜台"；"伸开五指将碟子罩住"；"他从破衣袋里摸出四文大钱，放在我手里，见他满手是泥，原来他便用这手走来的"。《变色龙》："那个敞开了坎肩的人举起右手，把一个血淋淋的手指头伸给人们看"；"就连那手指头也像是一面胜利的旗帜"；"你究竟为什么举着那个手指头"；"这贱畜生无缘无故就咬了我的手指头一口"；"难道它够得着你的手指头？……你那手指头一定是给小钉子弄破的"。《溜索》："手划出血来，黏黏的反倒抓得紧索"；"手一松开，撕得钻心一疼，不及多想，赶紧倒上去抓住"；"手掌向上托着，寻思儿时才能有水洗一洗血肉"。《蒲柳人家》："挽了挽袖口，手腕子上露出两只叮叮当当响的黄铜镯子……手戳着他们的鼻子说"；"老大一个耳刮子抡圆了扇过去"；"一丈青大娘折断了一棵茶碗口粗细的河柳，带着呼呼风声挥舞起来"；"一丈青大娘有一双长满老茧的大手，种地、撑船、打鱼都是行家"；"全村三十岁以下的人，都是她那一双粗大的手给接来了人间"。这些"手"的细节，凸显了小说描写人物的方法，可以联系起来供学生仔细思考、品味。

（三）基于大概念的单元视域课时教学设计实施路径

单元视域下的课时教学设计，可从如下几个方面入手：课程分析—学习目标设计—核心问题厘定—表现性任务确定—嵌入式评价引领。其中，课程分析包含着课程标准、教材等课程资源与学情分析，这是设计学习目标的基础与保障。核心问题与表现性任务是落实学习目标的手段，嵌入式评价并非安排在最后，而是嵌入课前、课中、课后所有的学习环节之中，既为学生学习提供支架，又是考查学习目标是否落实的方法。课文文质兼美，可教的内容很多，而课时有限，面对诸多可挖掘的教学内容，教师的取舍功夫显得尤其重要。在教学设计中让学生分析鲁迅、契诃夫、阿成、刘绍棠不同的写作风格，有利于学生再次碰到同一作家的作品时，能够迁移应用。有的考试题就是选择了课文作者的不同篇目来考查学生，学生通过一篇文本的学习不能只习得教师预设好的答案，而应通过课文学会品读作品背后的意蕴，整体提升小说鉴赏水平，达到触类旁通、举一反三。学习目标的设计，可以通过预估、参照学生对四篇小说与作者的前认知来确定内容。笔者拟定的单元学习目标为：

（1）梳理小说情节，关注人物形象，了解作品中折射的世态人情和时代风貌，理解小说主题，感受作品的社会意义。

（2）学习课文刻画人物的手法，通过比较阅读的方式，体会不同风格的小说写人手法的异同，增进对小说这一文学体裁的了解。

（3）品味、欣赏小说语言，把握小说的不同风格，提高文学鉴赏力。

根据教师教学用书的建议，《蒲柳人家》分为2课时。第1课时学习目标为：通过品析语言，感受鲜活的人物形象，体会人物的侠义精神与传统美德，感受乡土情怀。第2课时学习目标为：通过比较阅读，鉴赏本单元四篇小说的相同点与相异点。下面主要以第2课时为例，阐释本节课的教学设计。

1. 先学后教，预习设计

教师设计学习单，为学生的自主、合作、探究学习提供指导。

学习单

（1）你已学习了本单元的四篇小说，从单元视角出发，你有什么问题和疑惑？请写到下面的横线上。

_____

_____

小组讨论后还有什么问题？

_____

_____

（2）本单元的四篇小说写作既有相同点又有相异点，先自行尝试分析，然后根据下面三个表格提供的"分析四篇小说相同点的学习支架""分析四篇小说语言风格相异点的学习支架""鉴赏小说异同点的评价量规"再次尝试进行分析，并把分析的成果展示出来。

（温馨提示：可从小说中对"手"等细节的描写，分析出四篇小说刻画人物方法的相同之处。除此之外，小说在刻画人物形象方面还有相同之处吗？尝试进一步分析鉴赏。反复细读小说中的特色语言，鉴赏不同小说的特色语言风格。学习成果展示不必拘泥于表格的方式，可采用朗读、表演、辩论、思维导图等多元方式展示成果。）

内容	《孔乙己》	《变色龙》	《溜索》	《蒲柳人家》
刻画人物的方法分析				
人物形象分析				
相同点分析				

内容	《孔乙己》	《变色龙》	《溜索》	《蒲柳人家》
小说类型				
特色语言举例				
相异点分析				

内容	优秀	良好	合格	待提高
语言特色	1. 能熟练分析句式的使用； 2. 能鉴赏词语选择的妙处； 3. 能分析修辞的使用效果； 4. 能辨析不同作品的风格。	1. 能分析句式的使用； 2. 能品味词语选择的好处； 3. 能分析修辞的使用效果； 4. 能辨析不同作品的风格。	1. 能分析句式的使用； 2. 能品味词语选择的好处； 3. 能分析修辞的使用效果。	能够对作品的语言特色有所体验。

内容	优秀	良好	合格	待提高
人物形象分析	1. 准确分析典型人物形象； 2. 能说出作品中丰富的情感； 3. 能说出自己的审美体验。	1. 能分析典型人物形象； 2. 对作品中丰富的情感说出自己的体验； 3. 能从审美层次欣赏作品。	1. 能分析典型人物形象； 2. 能体会作品中丰富的情感。	能够分析人物形象。
主题理解	1. 能准确理解小说主题； 2. 能鉴赏小说的文化内涵； 3. 能阐述表达手法运用与思想情感传达的关系。	1. 能理解小说主题； 2. 能从文化内涵方面分析作品； 3. 能体会运用表达手法传达思想情感的方法。	1. 能理解小说主题； 2. 能体会作品的文化意蕴。	能够理解小说主题。
朗读	1. 语气语调得体、恰当； 2. 合理抒发感情。	1. 注意语气语调； 2. 合理抒发感情。	1. 朗读流利正确； 2. 注意语气语调。	能够朗读流利正确。
写作（作业）	1. 能细致观察身边的老师或同学等熟悉的人； 2. 能用学到的方法为熟悉的人画像； 3. 会对照课文反思自己作文中的不足并修正。	1. 能学习观察身边的老师或同学等熟悉的人； 2. 能用学到的方法为熟悉的人画像； 3. 会对照课文反思自己作文中的不足。	1. 能把刻画人物的方法用到自己的写作中； 2. 能够反思自己写作中的不足。	能够用所学的知识描写熟悉的人。

2. 小组探究，课堂展示

学生根据教师下发的学习单开展小组活动，把小组内无法解决的问题提报全班。教师与学生共同解决上述问题。

3. 交流反馈，辩论研讨

学生以小组为单位展示自己的学习成果，师生使用评价量规做好评价与改进。

4. 总结提升，拓展延伸

教师对本节课进行总结、提升、拓展，并联系写作设计与综合实践活动布置作业：

（1）（必做题）学习本单元小说中描写人物的写作方法，以文字素描的形式，为老师或同学画像，并尝试确定一个好的立意。

（2）（选做题）推荐阅读《蒲柳人家》全文。

（3）（选做题）分析四位作者的写作风格，填写下表或用思维导图等自己喜欢的方式进行表达。

作者	写作风格
鲁迅	
契诃夫	
阿成	
刘绍棠	

这个设计对于九年级的学生来说有一定难度，然而，这种挑战足以唤醒学生的阅读期待。因此，不必做一刀切要求，可让有兴趣、有余力的学生选择性使用。在分层次教学中，教师应给学生提供必要的学习资源并给予适当帮助和指导。

有一个不容忽视的关键性问题，就是教师要针对学生的学习需要为学生提供合适的学习资源和搭建合适的学习支架。例如，语言特色分析方面，针对学生的积淀不够、组织语言能力差、不能很好地完成表现性任务等问题，教师要帮助学生学习特色语言分析的方法。在上文的评价量规（相当于一种学习支架）中，提供了语言特色分析的四个视角：一是能熟练分析句式的使用；二是能鉴赏词语选择的妙处；三是能分析修辞的使用效果；四是能辨析不同作品的风格。这其实就是特色语言分析的方法提示，至于具体句式的使用效果，学生在反复诵读揣摩中会找到感觉。如果学生感觉不足以解决问题，那么教师可以再提供"不同句式的表达效果学习支架"，如下表所示。

句式	案例	表达效果对比分析
陈述句	我没有糊涂。 我不再犯这种错。	1. 陈述句与反问句都表达了否定的意思，反问句的语气比陈述句更强烈，更能让人注意，引人深思。日常对话中，反问句显得很强硬，用在文章中，则可以增强语气和感染力。 2. 感叹句的语气明显比陈述句强。 3. 比陈述句表达了更深切的犯错的内疚、悔改之情。
反问句	我难道糊涂了吗？	
感叹句	我真的没有糊涂啊！	
倒装句	这种错，我不再犯。	

三、基于大概念的群文阅读教学设计优化

群文阅读教学需要重新设计学生的学习内容，而选择什么样的教学内容决定着课堂教学的质量。从学科大概念视角选择组织教学内容，有利于学生从学科结构的整体出发建构知识体系，让学生了解知识背后的知识，引发学生高阶思维与深度学习，提升学生的学业水平，落实学科核心素养。以语文学科为例，通过大概念构建初中语文主题教学，可以帮助学生理解语文学科本质，更好地学习语文。

在课题组的同课异构研修活动中，有两位教师执教的是《我的叔叔于勒》，笔者整合了《我的叔叔于勒》《变色龙》两篇文章研究群文阅读教学。笔者与蔺芳华老师一起备课。笔者先研习了有关资料，写了一篇《基于大概念的群文阅读教学设计——以〈我的叔叔于勒〉和〈变色龙〉为例》，蔺芳华老师基于这篇文稿进行二次备课，与本校语文组老师切磋。在这个过程中，蔺老师深有感触，她激动地说："越是深入阅读两篇小说，越是被有着'世界短篇小说巨匠'之称的两位作者独具匠心的情节设计深深吸引，一直处于兴奋状态，以至于陶醉其中无法自拔。"蔺老师在自己的班级进行了初次授课，学生异常活跃，产出了一组组优秀作品，使整个语文组老师都感到振奋。

随后，我们在山东省威海市举行了群文阅读教学活动，蔺芳华老师执教的课精彩纷呈，学生们兴致盎然、思维活跃，有效生成学习成果。研修现场的老师们一致认同基于大概念的群文阅读教学比单篇教学在深度、广度上都更胜一筹，认识到基于大概念的教学设计的无穷魅力。随着基础教育课程改革的深入推进，群文阅读成为我们课题研究团队研讨的热点问题。大家认识到组元依据的科学合理性是群文阅读中的难点问题，以大概念为群文阅读的基点是有效破解这一难题的重要方法。下面是研究成果节选。

（一）基于大概念的群文阅读备课方法

长期以来，教师习惯于按照教材顺序，一篇一篇地讲读课文，年复一年地教下来，容易失去创新和激情。基于此，提出群文阅读教学策略。群文阅读就是师生围绕着一个或多个议题选择一组文章，而后围绕议题进行阅读和集体建构，最终达成共识的过程。"群文不是多个文本的杂乱堆砌或简单相加，而是将具有（或能够建立）某种关联的多个文本，按一定原则组合的阅读整体。"①

群文阅读的前提是要选择一组同质化的文章，可以基于一种文体、一位作者、一个主题、一支经典歌曲、一幅经典图画等。这样的组合，使得一群文章有着共同的可以抽取出来的大概念。还可以向下分得更细。拿同一文体来说，即使都是小说，也不见得任何几篇小说凑在一起就可以构建成很好的群文阅读资料，而是要进一步寻找那些有着内在本质联系的小说文本，以利于学生以大概念为基点构建知识体系。

1. 厘定群文阅读中的大概念

要把大概念作为群文阅读的锚点。大概念来源于基于课程标准对学科内容的深入分析。

以小说阅读为例，阅读的重要内容是小说三要素：情节、人物、环境。遗憾的是，学生从小学开始就学习小说文体，一直到高中毕业，尽管教师

---

① 倪文锦.语文核心素养视野中的群文阅读［J］.课程·教材·教法，2017（6）：44-48.

每次都会讲到情节这个关键内容，却不深不透，概括小说情节的一般规律有哪些、方法是什么，似乎从没给学生真正分析明白。蜻蜓点水的结果就是，学生学习了所有的小说课文之后，依然不会对小说情节进行科学、合理概括，更不要说达到审美境界。这也就是语文教学惯常被诟病的"少慢差费"。基于大概念的初中语文主题教学设计能够较好地破解这一难题。

选取部编语文教材九年级上、下册中的《我的叔叔于勒》《变色龙》两个小说文本进行研究。《我的叔叔于勒》所在单元的教学要求为：学会梳理小说情节，试着从不同角度分析人物形象，并结合自己的生活体验，理解小说主题。《变色龙》所在单元的教学要求为：学习本单元，要在梳理情节、分析人物形象的基础上，对作品的内容、主题有自己的看法，理解小说的社会意义，还要欣赏学习小说语言，了解小说多样化的风格。《义务教育语文课程标准》（2011 年版）对第四学段（7-9 年级）的阅读教学的要求为："能够区分写实作品与虚构作品，了解诗歌、散文、小说、戏剧等文学样式。"

分析了单元教学要求、课程标准之后，把群文阅读的大概念确定为"情节"。仅选取了情节这个要素作为重点内容，基本思想是不让与情节无关的内容冲淡重点知识的深度学习，并非不涉及人物分析、环境描写等。

哲学观念设计为：用发展的观点观察问题；从特殊到一般，也就是归纳法。

下表展示了"跨学科概念与语文学科中小说情节的关联性"。

要素	要素与语文学的关联性
语文学科中的模式	情节由一系列事件构成
语文学科的系统与系统模型	小说的特色（情节、人物、环境）
语文学科的结构与功能	情节的结构：开端、发展、高潮、结局 情节的功能：推动事件发展，展示人物性格，表达主题
语文学科的稳定与变化	情节经历"平衡—失衡—再平衡"的过程

大概念确定为：小说的情节运行具有推动故事发展，塑造人物形象，表现作品主题的作用。之所以如此选择，是因为综合分析众多小说阅读课，

偏离语文学科轨道的现象多有出现，影响了语文教学质量。有教师在讲《我的叔叔于勒》时，带领学生把大量精力用在了分析与批判"资本主义社会赤裸裸的金钱关系"方面，这种置小说文体于不顾，没有抓住小说阅读核心知识教学，更没有涉及欣赏小说的情节之美的做法失之偏颇。大概念作为主题化学习内容，紧扣语文学科教学特点，突破了只在小概念层面徘徊，不能深入到大概念内部的瓶颈，可以避免偏离学科教学核心知识与内容教学的现象发生。下表所示是"基于大概念的小说情节学习认知体系"。

哲学视角	跨学科视角	学科视角	
哲学观念	通用概念	核心概念	基础知识与基本技能
使用归纳法分析小说情节	小说情节的结构与功能	分析小说情节的方法	认读字词、读课文、疏通文义
大概念		小概念	

2.分析大概念为核心的知识体系

大概念确定之后，教师备课就有了核心与抓手，便于确定学生的学习内容。

首先，了解清楚什么是情节。"情节是在精心设计的文本结构中按艺术逻辑叙述的故事或事件过程。"①

情节是叙事作品中表现人物之间相互关系的一系列生活事件的发展过程，情节代表小说的大意，是由一系列事件构成的。可以用"何时、何地、何原因、何人做何事"这样的格式来概括。所有的故事都要依赖情节展示。情节的概述必须遵从文本、文意。情节作为小说重要的元素，运行技巧具有极强的审美价值。

其次，基于学生学科核心素养的发展，学习构造小说情节的技巧、梳理小说情节的不同角度、提炼小说情节的不同方法，欣赏情节运行之美。

---

① 何更生，由尤.小说的情节"教什么"与"怎么教"——兼评方莹莹老师的《项链》课堂教学 [J].学语文，2016（6）：12-14，22.

第一，构造小说情节的技巧。

构造情节的技巧有很多，比如悬念、反复、跌宕（波澜）、伏笔、巧合、照应、铺垫、误会、矛盾等。在《我的叔叔于勒》《变色龙》群文阅读教学中，结合这两篇小说的特点，重点讲解一个或几个重要的技巧即可。具体分析如下：

（1）反复。父亲总要说他那句永不变更的话："唉！如果于勒竟在这只船上，那会叫人多么惊喜呀！"（第3、4段）父亲总是重复他那句永不变更的话："唉！如果于勒竟在这只船上，那会叫人多么惊喜呀！"（第13、14段）

（2）伏笔。十年之久，于勒叔叔没再来信。

（3）巧合。于勒恰巧跟一家人在一条船上，而且因为卖牡蛎被认出。

（4）矛盾。杰里·克利弗教授在他的小说理论研究著作《小说写作教程》中提出，小说情节设计的关键原则是"不断制造用来推动情节发展的戏剧性的矛盾冲突"。那么什么是"戏剧性的矛盾冲突"？杰里·克利弗认为必须具备渴望、障碍、行动、结局四个要素。[①]

一开始，一家人渴望见到于勒，希望于勒给这个家庭带来生活的转机，却有着重重困难。于勒一去多年，仅仅来了两封信。一家人根本没有寻找于勒的线索，于是，在每星期日，他们都要衣冠整齐地到海边栈桥上去散步。这个行动代表了他们对于勒的期待。

结局：在船上，一家人碰到了卖牡蛎的穷于勒，躲之不及。

第二，梳理小说情节的不同角度。

在教材的思考探究部分，有这样的题目：小说围绕菲利普夫妇对于勒态度的变化，讲述了一个曲折的故事。试根据下面的提示，从不同角度梳理课文的故事情节：

开端→发展→高潮→结局（情节）　　　原因→结果（逻辑）

期待→破灭（心理）　　　　　　　　　悬念→结局（技巧）

这个课后习题，实际上教给了学生梳理小说情节的不同角度：情节、

---

① 何更生，由尤.小说的情节"教什么"与"怎么教"——兼评方莹莹老师的《项链》课堂教学［J］.学语文，2016（6）：12-14，22.

逻辑、心理、技巧。这些角度既有区别又有联系。

另外，从叙事学视角看小说的情节描写，是"初始平衡—打破平衡—重归平衡"。我们要通过故事发生变化的表象，不停追问故事反转变化的深层原因。

第三，提炼小说情节的不同方法。

与学生共同归纳提炼小说情节的不同方法，这些方法的归纳不可能在一篇小说阅读中面面俱到，而是根据不同小说，选择其中的一个或几个方法详细分析。

（1）画关键句，再提炼关键词。

以《变色龙》为例，梳理奥楚蔑洛夫对狗和赫留金的态度变化，可以用表格的形式呈现，让学生把下表补充完整。

对赫留金的态度	狗主人	对狗的态度	奥楚蔑洛夫的心理
（第8段）为他讨公道	不知道	（第8段）野畜生、疯狗、弄死	逞威风，同时警惕
（第10段）怀疑、诬陷	是将军家的	（第10段）说狗小，辩解	
（第17段）绝不能不管	不是将军家的	（第17段）下贱胚子	
（第20段）骂他混蛋，怪他自己不好	是将军家的	（第20段）名贵、娇贵	
（第23段）维护	不是将军家的	（第23段）野狗、弄死	
（第29段）收拾他	是将军哥哥家的	（第27段）还不赖、伶俐	

学生在填写表格的过程中，就可以把小说的情节概括出来。

（2）划分段落，再编写提纲。

划分段落要讲究方法，分段的依据主要有：按时间顺序、按事情发展顺序、按空间变换顺序、按内容性质不同、按总起分述方法。分段的方法主要有：整体分割法，可以基于起因、经过、结果这样的发展顺序进行分段；部分归并法，把同一内容的自然段归类到一起；提取中心法，看文章主要内容写什么，抓住重点进行提炼；标志分段法，有时段落中有着典型的分段语句，表明了不同的时间、地点、空间等。

划分段落也可以与提炼关键词结合在一起进行。段落划分好后，可以根据段落的不同含义缩写出提纲，进而概括出情节。

（3）分析题目，再概括情节。

《变色龙》突出一个"变"字：怎么变的，为什么变，变的结果怎样？通过对题目的分析，梳理情节脉络。小说情节的波折、摇摆，以及摇摆的幅度与频率，体现了小说的叙事节奏，构成了小说的审美情趣，增强了吸引读者的魅力。

（4）抓关键人物，再循人找线索。

《我的叔叔于勒》，关键人物是于勒，可以根据一家人对于勒的态度找出关键词，概括故事情节发展过程为："开端（盼于勒）—发展（赞于勒）—高潮（怕于勒）—结局（躲于勒）"。

（5）抓关键线索，再梳理情节。

线索是贯穿整个作品情节发展的脉络，它可以是人、物、情感、事件，还可以是时间、空间。线索可以有单线和双线，也有明线和暗线。可以用链式图的方式，帮助学生梳理情节发展线索。

第四，欣赏情节运行之美。

两篇小说情节之美，美在一个"变"字，"文似看山不喜平"，小说中人物对同一人、物态度的变化，一波三折，牵引着读者的心弦，不断激发出读者的阅读兴趣。这些给读者带来阅读冲击的精妙设计，成为绝佳的审美对象，如《变色龙》中关于小狗的主人，出现将军的哥哥这一角色，既在情理之中，又体现了作者的匠心所在，增加了更多丰富意蕴。《我的叔叔于勒》，买卖牡蛎中，亲人不期而遇，使一家人焦灼期盼的火热心情一下子降到了冰点，激发起读者的心灵碰撞，产生深刻情感体验。

基于以上备课内容，为学生搜集合适的论文、书籍、网络材料等课程资源，作为学生学习的资料支持。

（二）以主题学习作为群文阅读的路径

一方面，选择有效的教学方法、教学手段，以利于实现基于大概念的教学；另一方面，基于大概念可以优化教学设计，便于采用主题式、项目式等学习方式，更好地调动学生的学习积极性，激发学生的学习动机，给学生更多的思考、练习机会。这里以主题学习为例。主题教学就是围绕学习内容的核心，通过多种方法，激发学生学习动机，引导学生在自主、合作、探究中达成学习目标的一种教学方法。主题教学有利于集中精力重点解决学生学习中的盲点，把学生的学习引入深处。

1. 依靠先学后教，生成明确学习目标

群文阅读中，把"情节"作为学习主题，首先需要设计学习目标。学习目标不应是教师自作主张设计而成的，而必须是在调研学情的基础上，根据学生的前期预习情况，基于教学起点精心设计生成。

为了获知哪些知识学生已经学会了，可以采用先学后教的方法。先让学生自主预习，小组讨论，学案中设计这样的问题：你能提出什么问题？小组讨论后还有什么问题？如果学生没有自读课文，教师就开始讲解、分析，就不能让教学从应有的起点开始。应避免教师在学生能解决的问题上花费大量时间，教了学生本来就知道或者自己能够学会的知识，而来不及讲该讲的东西。

《我的叔叔于勒》《变色龙》群文阅读教学设计如下学习目标：

（1）掌握基本的字词，能流利地朗读课文。

（2）学会概括小说情节的一般方法，学会分析情节展示人物性格、表现主题的作用。

（3）在记叙文写作中练习推进情节的方法。

让学生明晰学习目标之后，安排学生自主学习，这是深入钻研文本的前提。

2. 聚焦核心问题，设计驱动性任务

结构化的知识学习有利于防止学习的碎片化，变被动学习为主动学习。教师精心设计，让学生聚焦核心问题：如何概括小说的情节，欣赏小说情节运行之美？给学生一个明晰的探究目标。这样的问题设计可以给学生留

出足够的合作、探究空间。建议发给学生相关的阅读材料作为学习资源。不建议教师把概括小说情节的方法、角度、技巧等知识一一讲述给学生，而是采取让学生自主、合作、探究的学习方式，再让学生在《我的叔叔于勒》《变色龙》小说阅读中具体练习。

然后，围绕这个核心问题，教师设计驱动性任务：

（1）研究两篇小说和阅读资料，先自主归纳概括小说情节的方法，再小组讨论，形成集体意见。以小组为单位，在全班展示讨论成果，并进行自评与互评。

（2）针对"欣赏小说情节运行之美"的研究任务，用图文并茂的方式，展示小组研究成果，每个小组都进行实物图展示，组织评委评出一、二、三等奖。

在学生完成任务的过程中，教师根据学生学习情况，适时给出学习工具或学习支架，帮助学生克服学习中的困难。如引导"概括小说情节的具体思考方法与路径"，提供"欣赏小说情节运行之美解读图"的评价量规，具体指导学生应该如何把自己的思考结果用图文的方式进行准确表达。

学生的探究活动围绕大概念进行，根据学情教师有针对性地点拨、引导，使学生走向深度学习。如情节的深入分析，会引发学生对小说主题的深层次思考：变色龙仅仅指奥楚蔑洛夫吗？这两篇小说中，还有谁也可能成为变色龙？为什么？这就引领学生从小说阅读的肤浅理解进入深层结构分析。两篇小说不仅是对社会进行批判，更有对人性的深刻反思。教师要引导、促进学生思维品质的不断优化。

3. 嵌入发展评价，保障优质学习效果

对学生的学习效果，可采用多元评价方式，提倡嵌入式评价。评价学生是否学会了概括小说情节的方法，是否理解了情节的结构和功能，能不能欣赏小说情节之美，可以用一篇新的小说让学生阅读分析。还有一个重要的检验方法就是将阅读中学到的知识、能力在写作中展示出来。学生在记叙文写作中，缺乏情节安排，文章平铺直叙，干瘪乏味，是突出的短板。虽然教师一再强调记叙文写作要情节曲折、合理布局、巧妙构思，学生往

往往理解不到位，不会应用。在群文阅读教学中抓住"概括小说情节"这个关键，实现了化繁为简，变难为易，可把概括小说情节的方法迁移到写作教学中，特别是与小说文体很接近的记叙文写作教学，有利于使写作中的这个难题迎刃而解。只有阅读教学真正落到实处，学到深处的时候，才能使写作教学同步走向深入。落实读写结合，促进学生核心素养的发展。

学生在解决核心问题、完成驱动性任务的过程中，会运用到哲学观念与跨学科概念的相关内容，用辩证的眼光，使用从特殊到一般的归纳法，把问题放入系统之中思考，根据句式结构分析表达含义的不同效果，看到事物的发展变化等。这不是学习机械的知识，而是在培养综合能力与素养。

总之，基于大概念的学习设计，让教师找到了教学中突破重难点的方法，让师生都能够把有限的精力用在刀刃上，集中精力攻克难关。教师可以教得更少，而学生可以学得更多，真正实现"轻负担高质量"。

（三）对群文阅读教学实录的反思

结合蔺芳华老师《我的叔叔于勒》《变色龙》群文阅读的教学实录，笔者与蔺老师进行了反思，进一步梳理了基于大概念的群文阅读教学设计优化的相关内容。

1.定位情节大概念，确立学习目标

镜头一

师：课前预习中同学们提出了很多问题。（屏显）对于《我的叔叔于勒》一文提出的问题：为什么于勒要写两封信？（23人）为什么菲利普夫妇在遇见于勒时这么恨于勒？（9人）对于《变色龙》一文提出的问题：为什么写奥楚蔑洛夫反复"变色"？（18人）可以看出什么样的人性和社会？（10人）同学们提出的这些问题大体可以分为两类：情节类、人物类。

师生共同确定学习目标为：（1）掌握字词，流利朗读课文。（2）概括小说情节，欣赏情节运行之美。（3）把握人物形象，理解小说主题。

从大概念思维出发，寻找群文阅读共同的大概念。一方面，基于单元教学分析。《我的叔叔于勒》位于部编教材九年级上册第四单元，这一单元的教学要求为：学会梳理小说情节，试着从不同角度分析人物形象，并结合自己的生活体验，理解小说主题。《变色龙》位于部编教材九年级下册第二单元，这一单元的教学要求为：学习本单元，要在梳理情节、分析人物形象的基础上，对作品的内容、主题有自己的看法，理解小说的社会意义，还要欣赏学习小说语言，了解小说多样化的风格。两篇小说课后的第一个思考探究题无一例外都要求学生梳理小说情节，而且给出了方法指导。另一方面，从小说文本本身分析。《我的叔叔于勒》和《变色龙》这两篇小说之所以历经百年岁月的洗礼而弥新、动人心魄，就在于小说情节的精巧严密、跌宕起伏，震慑人心让人拍手叫好，高潮迭起让人目不暇接，峰回路转让人赏心悦目，情节陡转让人回味悠长。两篇小说的情节一波三折，既在意料之外又在情理之中，这是最鲜明的特色。选择抓住"小说的情节运行具有推动故事发展，塑造人物形象，表现作品主题的作用"作为大概念展开教学，防止了与情节无关的内容冲淡重点内容，有利于把学生引向深度学习。学习过程中，学生对小说的情节产生了深刻认识，丰满的人物形象呼之欲出，鲜明的主题逐渐浮出水面，构建了结构化知识，学习成果水到渠成。

2. 紧扣情节大概念，核心问题引领思考

镜头二

师：情节的一波三折和陡变是两篇小说的共同特点。请同学们小组合作，概括《我的叔叔于勒》和《变色龙》两篇小说的情节。（1）尝试从这样的角度梳理：开端→发展→高潮→结局（情节）；原因→结果（逻辑）；期待→破灭（心理）；悬念→结局（技巧）。（2）尝试用图文并茂的方式展示：用波浪线、曲线、不同颜色、标点符号甚至面部表情图等表示情节的变化，用文字解说。各大组推荐代表上台展示，其他同学根据评价量规进行评价。

量规描述	得分	等级
能说出梳理情节的方法		
情节概括与文本相符		一等3分；二等2分；三等1分
图文设计能明晰地反映情节运行、变化		
能流畅阐述图文内容，甚至有恰当的辅助动作		
总分		

师：这两篇小说的情节扣人心弦。布瓦洛说："一切都出人意料，这样才能使观众热烈地惊奇叫好。"哪个情节最让你觉得出人意料？先以《我的叔叔于勒》为例谈谈。

生：小说中的来信说穷困的于勒发了财让人出人意料。

生：刚开始说于勒发了财，后来却发现他是穷水手。

生：菲利普夫妇之前知道于勒发财和遇见于勒是穷水手的情绪变化出人意料。

……

（师生共同研讨又老又穷的于勒出现之后父母的语言、神态、心理活动等。探究可笑又有"仪式感"的三种举动：念信、让别人看信；每星期日衣冠整齐地等待；拟定上千种计划。）

师：假如作者设计情节让于勒"十拿九稳"地回国，好不好？

生：不好，于勒主动回国，情节就缺少了戏剧性，就没有出人意料的惊奇。

生：不好，如果于勒主动落魄回国，母亲就不会那么彻底绝望、暴怒。

（1）围绕核心问题建构情节研究问题链。

针对学习目标，提出核心问题：研究两篇小说的情节。围绕核心问题，安排学生小组合作学习，进行图文并茂的任务展示。随后，以子问题引领学生层层深入解读：小说中哪个情节最让你觉得出人意料？品析父母发现于勒又老又穷后的神态、语言、心理活动，你体验到了什么？如果情节设计成把于勒送到荒无人烟、极端穷苦的美洲，按照通常情形写于勒死亡或贫困返乡，还有这样的艺术效果吗？作者是如何让小说情节再起波澜的？研究让情节变得扑朔迷离的神秘的"两封信"，你发现了什么？……

大多数学生选的最出人意料的情节是"父亲和母亲碰到于勒之后的慌乱暴怒"。让学生在情景模拟中读出父亲"低声嘟囔"的味道，体会父亲"低声"背后的难言之隐和残留的一丝冷静，在角色朗读中体会母亲彻底爆发的愤怒、绝望、憎恨。赏析父亲总是重复那句永不变更的话："唉！如果于勒竟在这只船上，那会叫人多么惊喜呀！"让学生在情景还原中体会十二年里永不变更的话中从望眼欲穿、极度兴奋到隐隐失望、渐渐怀疑的心理，把握真实的人物本心。问题链的设计目的在于激活学生思维，变被动回答问题到主动创新探究、讨论、争辩、总结，让学生主动阅读、感悟、评判，促进学生潜能的发挥。

（2）设计评价量规为学生提供学习支架。

这一环节为学生学习设计了支架——评价量规，学生完成学习任务有了方向与路径，提升了学生自主学习的质量。这种自带动力的任务设计，激发了学生的思维活力。学生展示了创造性学习产品，有的同学用夸张的漫画符号加曲线图来表示情节的变化，有的同学用生动活泼的人物表情图来展现小说人物的内心瞬息万变的世界，有的同学用折线图加旁批生动形象地展示故事发展脉络……学生品尝到了学习的快乐，也让教师收获了出乎意料的惊喜。

（3）变换阅读视角，深入解读文本。

通常的阅读是把自己视为纯粹的读者，此次教学让学生跳出传统桎梏，变成作者本身，思考：如果把情节设计为合乎常理的于勒被流放、穷困潦倒地度过余生，好不好？学生领会到如此就不会有后来父亲、母亲崩溃爆发的情节了。能让小说不断再起波澜的高明之处，在于作者设计了"两封神秘的来信""三种可笑又有仪式感的举动"这无与伦比、巧妙至极的情节。这时再引导学生从读者和小说人物的角度去体会情节运行之美展现出的强大魅力。两封神秘的来信给菲利普一家编织了一个无比动人的美梦，让一家人陷入了精神的乌托邦不愿醒来。三种具有层递性的富有"仪式感"的举动让人在不可思议中理解了小人物的欲望膨胀的非常态表现。从见人就读信中体会人物的虚荣，从每星期日去盼于勒的举动中去体会人物对编织美梦的顽固，从拟定上千种计划中领略小人物极度膨胀的欲望、近乎疯狂的可笑行为。再转换到作者视角，文中写"对于叔叔回国这桩十拿九稳的事，大家还拟定了上千种计划"，为什么不让于勒十拿九稳地回国呢？通过探究得知作者这样设计情节，就是为了在情节的陡变中展示的人物本性，进而揭示小说主题。

3. 解读情节大概念，层层剖析人物形象

镜头三

师：作者又设计了什么情节？

生：出国旅行，设计了一次巧妙的"偶遇"。

师：看似平常的小情节——旅行，却成了一切陡转的关键。情节设计"针脚绵密"。菲利普一家在旅行中遇见了于勒，结果怎样？

生：父母不得不从编织了十二年的梦中醒来。

生：梦醒了，心碎了，一切美好的幻想落空了。

生：辛辛苦苦筑就十几年的精神大厦轰然倒塌了。

师：这情节，如一丝火花，瞬间引爆了精神烈焰；如一股暗流，瞬间引发了海啸。这就是情节的一波三折和陡转带来的震撼人心的魅力！人物的本性撕下了温情的面纱，一览无余，你看到了怎样的菲利普夫妇？

……

（依据刚才分析情节的方法和技巧，再来谈谈《变色龙》中那些情节出乎意料。）

（1）深入剖析情节，探究人物形象。

学者孙绍振认为我国古典小说中强调情节的一波三折，是为了达到更深地揭示人物心灵奥秘的目的。把人物放在超越常规的"第二环境"中，经受超过情感结构稳定限度的考验，使人物的情感越出常规。一次打不破情

感表层结构，再来第二次，二次打不破，再来第三次，就是为了达到揭示情感深层结构奥秘的目的。所以有：三打白骨精、三打祝家庄、三气周瑜、诸葛亮六出祁山、七擒孟获、九伐中原等。①

因此，对于情节特色鲜明的文本，如不能把情节部分研究清楚，人物形象分析就会单薄。让学生深刻地体验一波三折的情节设计是小说创作的重要手法，能给读者带来巨大的冲击与艺术享受，有利于塑造人物形象。因此，课堂上放慢了讲课速度与学生细细品味文本，用足力气领略情节运行之美，发现其对塑造人物形象的重要作用。比如，作者设计情节的矛盾之处往往是解读文本的金钥匙，引导学生去理解一般在外偶遇亲人常态是什么心情，为什么父母的反应是如此不同寻常——非常态叙事反映了人物的非常态心理，进而探究父亲、母亲经年累月压抑的复杂心结，学生自然理解了前文中所有的铺垫，都为此次矛盾的爆发埋下了伏笔。再如，引导学生分析奥楚蔑洛夫对小狗的态度时好时坏，变来变去，自相矛盾。作者把人物放置进精心设计的不平常情境中，戏剧性的情节运行，引发人物情感的激烈变化，深刻地揭露出人物性格。

（2）互文性阅读，实现知识的迁移应用。

互文性也可译为"文本间性"或"互文本性"。任何一篇文本都吸收和转换了别的文本。学者索莱尔斯认为："每一篇文本都联系着若干篇文本，并且对这些文本起着复读、强调、浓缩、转移和深化的作用。"②

《我的叔叔于勒》和《变色龙》在情节方面有着极大的互文性和可比性，是学生学习小说情节的极佳范本。带领学生先从《我的叔叔于勒》学习小说情节分析的方法，然后迁移到《变色龙》之中，而不是等到九年级下半学期再学习这篇文本。目的就是在教学中侧重教给学生学习的方法，培养学生的小说阅读能力。同样，单篇小说阅读的方法也可以迁移应用到中长篇小说阅读中。

---

① 孙绍振.月迷津渡——古典诗词个案微观分析［M］.上海：上海教育出版社，2012.

② 蒂费纳·萨莫瓦约.互文性研究［M］.邵炜，译.天津：天津人民出版社，2003.

4.透视情节背后的意蕴，深挖小说主题

镜头四

师：奥楚蔑洛夫在俄语中翻译为"疯癫者"，菲利普夫妇和奥楚蔑洛夫的性格有着惊人的相似之处。你觉得他们是"疯癫者"还是"清醒者"？

生：菲利普夫妇不是完全的"疯癫者"。他们自私冷酷，是生活穷困、生存压力大的情况下迫不得已的选择。

（带领学生诵读、分析文本中"母亲对我们的拮据生活感到非常痛苦"等相关内容。）

师：奥楚蔑洛夫呢？

生：在当时的社会中，为了保住饭碗，守护自己的权力，他只能察言观色地生活。

师：他生存在怎样的社会呢？文中有交代吗？

生：他身后跟着一个火红色头发的巡警，端着一个筛子，盛满了没收来的醋栗。四下里一片沉静……商店和饭馆的门无精打采地敞着，面对着这个世界，就跟许多饥饿的嘴巴一样……

师：醋栗是味道不美的小野果，也要没收，饭馆成了饥饿的嘴巴，折射出这是什么样的社会？

生：极度贫穷，生活动荡，连醋栗也当成好东西抢夺。

生：民不聊生、死气沉沉的社会。

［屏显：《变色龙》这篇小说写于1884年，当时正是统治最反动的时期，沙皇豢（huàn）养了一批媚上欺下的走狗，镇压人民。整个沙俄笼罩在白色恐怖之中。］

师：社会如此，你能理解奥楚蔑洛夫的选择吗？

生：社会动荡不安，他不得不成了只求能自我保护的"变色龙"，他在压榨别人，同时也是被压榨的对象。

师：你觉得两篇小说中的人物谁还可能成为"变色龙"？

生：《我的叔叔于勒》里面的两个姐姐在那样的家庭中会成为"变色龙"。

生：《变色龙》里面的巡警耳濡目染会成为"变色龙"。

师：经典之所以成为经典就在于它跨越了时代、社会制度、国界，你认为生活中谁还可能成为"变色龙"？

（学生描述生活中的"变色龙"。）

师：这"变色龙"还有可能是你，是我，我们都可能在生活中、私欲面前，成为颜色或深或浅的"变色龙"。面对利益，选择了一己之私，可以理解，却滑向了狭隘，甚至卑劣；选择了宽容正义，就选择了高尚，人性才会绽放永恒的光亮！

（屏显：伟大的作家使你看见愚昧的同时，认出自己的原型而涌出最深刻的悲悯。——龙应台《别把知识当素养》）

师：带着对这两篇小说的理解，读一读龙应台的这句话，希望你能在今后的人生路上慢慢领悟。

（布置作业：小作文《十年漂泊的于勒叔叔》。于勒十多年在远方漂泊的生活是怎么度过的？他是怎么变得又老又穷的？请尝试运用一波三折和陡变的情节，写一篇小作文。）

立德树人是语文教学的重要任务，引领学生体会文本中隐含的教育价值是课堂教学的应有之义。引导学生探究菲利普夫妇和奥楚蔑洛夫是"疯癫者"还是"清醒者"这个问题，启发学生关注到作为社会人的真实人性，学生在讨论证明中对人物或出于自私或出于无奈的选择有了深刻理解。又顺势引导学生争辩"小说中的人物谁还可能成为'变色龙'""生活中谁还可能成为'变色龙'"，学生由人物关注到了社会背景，以及社会对小人物的影响之大，把学生自己代入小说文本之中，让学生的心田产生涟漪，理解了经典小说之所以成为经典就在于它跨越了时代、社会制度、国界的独特魅力。也许生活所迫，我们都可能在私欲面前，成为颜色或深或浅的"变色龙"。作家的伟大之处就是让人们在阅读中读出自己的"原型"，进而坚守人性的真善美。整个教学设计以情节大概念为统领，携带起人物形象、主题分析，脉络清晰，重点突出，实践中取得了满意的教学效果。

笔者在30余年的教学生涯中，曾听过近2000节课，研究了大量的课堂教学案例，发现在各个学段各个学科，都曾出现了"种了别人的田，荒了自己的地"的现象。这显示了课堂教学中的常见问题：教师不能把握学科教学的本质、核心内容，教授时要么事无巨细，面面俱到；要么偏离重点，不能抓住关键；要么浅尝辄止，不深不透。基于大概念进行教学能够有效克服了这些弊端。"并非将大概念直接教给学生，而是利用大概念更好地梳理学科知识，形成学科知识体系。"[①]

四、教学设计中大概念的教学价值

（一）单元教学视域的教学实录与反思

以语文教学为例。

部编版教材的编写体例与特色，为教学设计提供了更加科学、合理的路径，使用新教材教学应有新理念、新思维、新做法。2019 年 11 月，在山东省济南市历城区小学语文教学研讨活动上，笔者执教了部编语文四年级上册第七单元《出塞》的观摩课。结合此课的备课、上课，从大概念思维与单元教学视域反思、分析部编教材的使用方法。

1. 大概念定位，自主提问，目标导向

实录一

师：今天我们来学习《出塞》(板书课题)。同学们已经预习了，大家提出了好多问题。(屏显学生提出的问题)

"出塞"是什么意思？

"秦时明月汉时关"是什么意思？

李广为什么被称为飞将？

"秦时明月"是秦国时的月亮吗？

这首诗写了什么内容？

---

① 徐洁. 基于大概念的初中语文群文阅读分析［J］. 教学与管理（中学版），2019（8）: 41-43.

这首诗抒发了作者的什么情感？

……

师：有的问题在这节课会解答，不能在课上解答的问题，建议同学们课下查阅资料学习。本课的学习目标是：

1.有感情地朗读、背诵、默写这首诗。

2.借助注释理解诗句的意思，发挥想象，领会诗的意境，说出自己的体会。

3.初步学习写信。

师：出塞，就是到边防线去守卫边疆。请同学们读读这首诗，注意停顿、节奏。结合注释想一想这首诗讲了什么意思。从这首诗中，你想到了哪些人？小组讨论，把想到的人写在黑板上。

（放悲凉的音乐，学生伴着乐声读诗，然后小组讨论，在黑板上写下了读诗后想到的一些人：李广、王昌龄、唐朝的皇帝、士兵、汉朝的皇帝、秦始皇、百姓、侵犯我国的士兵、胡马、孟姜女的丈夫、修建长城的民工、李世民、打仗时牺牲的人、将军……师生共同研讨将这些人归类为：将军、战士、百姓、皇帝、胡马、诗人。）

师：这首诗仅仅28个字，竟使同学们想到了这么多的人，多么丰富的内涵啊！唐诗是我国灿烂文化中的瑰宝。这首诗被誉为七绝的压卷之作，非常有内涵，极其耐人寻味，要好好品味。读前两句（屏显）：秦时明月汉时关，万里长征人未还。

（生齐读。）

下面是笔者的三点反思：

第一，用大概念定位学习方向，统领学习内容。学习方向有偏差，学习内容脱离语文学科本质，是不少语文课容易出现的问题之一。大概念是相对高层的概念，能够对小概念具有统摄作用。基于大概念的教学设计成为了基础教育课程改革的趋势与方向，能够促进课堂教学变革，逐渐形成了研究热点。

大概念思维以学科核心知识为统领，联结相关知识，组织结构化的知识体系，能有效防止语文教学的"非语文化"倾向。本节课，我让学生边读诗边思考："从这首诗中，你想到了哪些人？"这个核心问题就是从学科大概念和单元整合教学两方面考虑的。单元提示要求：关注主要人物和事件，学习把握文章的主要内容。本单元的其他文本《夏日绝句》《为中华之崛起而读书》《梅兰芳蓄须》都写一个人，《出塞》《凉州词》《延安，我把你追寻》是写一类人或几类人。归纳起来，本单元学生要掌握的学科大概念是：作者想表达的主题思想（家国情怀）隐含在人物和事件描写的字里行间。大概念可作为单元整合的基点，以此统领起单元整体教学。教学思路可以是紧扣学科大概念，学习各个篇目。

第二，给学生自主提问的机会，培养学生的质疑能力。部编教材重视培养学生的提问能力。部编语文教材四年级上册第二单元的训练要点是：阅读时尝试从不同角度思考，提出自己的问题。在每一篇课文的阅读提示中都要求学生能提出问题，这是部编教材的一个特色。《出塞》这首诗位于四年级上册第七单元，培养学生提问的习惯应该在本单元学习中得到保留并发扬光大。因此，在本课预习任务中安排学生提出问题，并在课堂上重点解决学生提出的典型问题，是基于学情设置教学起点。让学生经历"发现问题—提出问题—分析问题—解决问题"的完整回路，这也是面对真实生活问题时必经的过程，有利于培养学生的核心素养。

第三，学习目标导向、单元教学设计与课型变革。教师提前告知学生学习目标，让学生知道这节课要完成的学习成果是什么，这就是逆向教学设计。明确目标，既是对学生的学习提出要求，又是指导与引领。如学生读诗时就会有背诵、默写意识。本节课之所以在学习目标中没有设计基础字词学习，是因为从单元整体教学出发，进行了课型整合与变革，设计的单元教学基本课型有：

基础过关课：完成整个单元的生字词学习和读通顺课文。

精读导引课：主要针对教读课文的学习。本节课即是。

群文阅读课：选择与自读课文相近的文本，组成"1+X"学习。

读写融通课：针对单元写作要点设计的专题写作课。本单元可以安排写信。

单元教学课型不是固定不变的，要根据学段与单元内容的不同进行调整，如果是小说阅读单元，就可以安排小说导读课、阅读成果展示课等。

2. 代入式体验，诵读想象，读说结合

实录二

师：要用什么样的心情去读前两句呢？也就是说作者抒发了怎样的感情？这是同学们提出的问题之一。

生：悲凉。

生：因"明月"悲伤。

生：不对。我认为是因为"万里长征人未还"而悲伤，去长征的人几乎没有回来的。

师：两位同学说的不一样，你们辩论一下。

生（说因"明月"悲伤的同学）：我错了。

师：为什么轻易就认为自己错了呢？你有你的特点，为什么想到"明月"呢？

生：很多时候"明月"代表悲伤。

师：想想看，是所有的"明月"都代表悲伤吗？

生：不是。

师：为什么认为诗中的"明月"是悲伤的呢？

生：因为下句说的是"万里长征人未还"，从这里感受到悲伤。

师：感觉不错。不妨从第一句诗开始分析。有同学提出不太明白"秦时明月汉时关"这一句，是指"秦朝的明月""汉朝的边关"吗？（屏显）

互文：古代诗文的相邻句子中所用的词语互相补充，结合起来表示一个完整的意思，是古汉语中一种特殊的修辞手法。

师：这个地方比较难，不要求同学们掌握。通过互文修辞手法，作者既写了秦朝的"明月和边关"，又写了汉朝的"明月和边关"，一块都写出

来了。（屏显）

据《资治通鉴·唐纪》载，玄宗时，改府兵为募兵，兵士戍边时间从一年延至三年、六年，成为久戍之役，天宝以后，山东戍卒还者十无二、三。

师：有同学说看到月亮很悲伤，为什么悲伤呢？是因为"人未还"。没有回来的人是什么情况呢？

生：死了、牺牲了。

师：所以有同学敏锐地感受到，哎呀，作者写的这个月亮是多么让人伤心啊！（屏显）

醉卧沙场君莫笑，古来征战几人回？（王翰）
黄沙百战穿金甲，不破楼兰终不还。（王昌龄）
黄尘足今古，白骨乱蓬蒿。（王昌龄）

师：同学们结合屏幕上的诗句，再次体会"人未还"。大家再读读前两句，尝试把作者的心情读出来。

（生悲伤地读。）

师：读前两句时要声音稍低一点，语调平缓一点，表达从古至今战争不断给人们带来的苦难和悲伤。有同学问"万里长征"是什么意思，谁能帮助解答一下？

生：士兵走万里长的路，长途跋涉赶去边疆。

师：是的。前两句短短十四个字，从时间上看，写了秦汉几百年；从空间上看，万里之遥。从秦到汉，有无数的将士驻守边关，他们的日子过得怎么样呢？

生：艰苦。

师：请详细描述一下怎么艰苦。

生：风餐露宿。

生：茹毛饮血。

生：冒着鹅毛大雪行军。

师：说得不错。吃、穿、行是一回事，还有更严重的是什么？

生：敌人会来攻打。

生：战场上会激烈地打仗，人会牺牲。

生：不能回家。

师：大家很会想象。刚才有同学说到了月亮，中国人是很有月亮情怀、月亮情结的。在艰苦的边关生活中，一轮明月升起来了，将士想念的人，即使距离遥远，也会看到同一轮明月。从这里，你还能联想到更多的人吗？

生：家人。

生：还有一些朋友。

师：将士与亲朋好友相互思念，怎么办呢？设想一下。请一位同学到前台来扮演战士，对着一轮明月向远方的人倾诉倾诉。你想的是谁？

生：（走上前台）我想妻子。

（有学生笑了。）

师：同学们，认真体验下诗的意境是笑不出来的。本应该夫妻团聚，而现在想见妻子能去见妻子吗？不能！妻子想丈夫能去见丈夫吗？不能！用悲伤、悲凉的心情想妻子。只有请明月捎去亲人的思念，对着月亮跟妻子说句话吧！妻子啊……

生：妻子啊，我想你了。你不要担心，我们很快就回去了。

师：在安慰妻子。但是，残酷的现实是，读——

生：（齐读）万里长征人未还。

生：（走上前台）想妈妈了。

师：古代不喊"妈妈"，喊"娘"。"慈母手中线，游子身上衣。临行密密缝，意恐迟迟归。"对娘说几句话，怎么说？

生：娘，我好想你。您不用担心，我会快乐地回去的。

师：安慰娘。但是，能回家吗？读——

生：（齐读）万里长征人未还。

师：家里的人是不是也在想战士啊？谁来扮演家人想想咱们的战士？

生：（走到前台）想爸爸了。

师：爹，古代不称呼爸爸。

生：爹，你好吗？你什么时候能回来啊？我想见到你了。

师：同学们告诉她，读——

生：（齐读）万里长征人未还。

生：（走到前台）我想的是弟弟。弟弟，奶奶在家里挺好的，爸爸妈妈（爹娘）在家也挺好。你在边关好吗？我想你了，你能回家吗？

生：（齐读）万里长征人未还。

诗歌学习，要防止一味支离破碎地解读，重在让学生联想、想象，品味诗歌的意境，谈出自己的体会。这离不开诵读，且要变换方式反复诵读，在诵读过程中体验作品表达的思想感情。本节课采用"代入式"教学手法，让学生身临其境地扮演想象中的人物，设身处地进入诗歌描写的情境，体会作者写作时的心情，想象人物的所思、所想，分析人物所处的环境，人物的心理活动、语言、行为等。先设置边关将士望月思乡情境，让将士们对着千古不变的明月吐露心声，再从家乡的亲朋好友思念边关战士的视角设置情境，对月倾诉，从而提升学生对诗歌的感悟能力、思维能力、语言表达能力。同时，为学习写信这一单元写作任务做好铺垫。

3.品读悟诗情，德育渗透，读写融通

实录三

师：再读后两句，想想和读前两句有什么不一样？

生：前两句是悲伤的，后两句比前面要坚定许多。

师：情绪振奋了，盛唐的人非常自信。（范读）但使龙城飞将在，不教胡马度阴山。大家一起读。

生：（齐读）但使龙城飞将在，不教胡马度阴山。

师：谁再来读？体会其中的感情，坚定地读一读，自信地读一读，满怀希望地读一读。

（生有感情地读。）

师：这里提到了飞将李广，为什么要盼李广呢？你们听说过李广的

故事吗？

生：李广是武功很棒的将军。有一次，李广带兵去边境打强盗，在经过一段路时，强盗隐藏在草丛中，把李广的军队给包围了。他们马上要抓住李广时，李光瞬间就不见了踪影。强盗们正在想李广去哪儿了，李广突然拿了一把大刀跑了出来，把强盗的头领给砍死了。

师：这个故事很有传奇色彩，极力渲染了李广武艺超群。屏幕上这首诗，大家见过吗？（屏显）

塞下曲
唐·卢纶

林暗草惊风，将军夜引弓。
平明寻白羽，没在石棱中。

师：课前有同学搜集了资料，可以根据资料说一说。

生：有一次夜间行军，李广隐约看见草丛中的一只大老虎，就搭弓放箭，一箭射去，以为射中了老虎。天亮了才发现，哪里有老虎，原来是一块大石头，那支箭已经射到石头缝里，拔不出来了。这首诗写的是李广射虎的故事。李广的力气实在太大了，武功高强，匈奴听到李广的英名就闻风丧胆。

师：像李广这样的将军，还有卫青等，这里的"飞将"泛指英勇善战的将领。再读后两句——

生：（齐读）但使龙城飞将在，不教胡马度阴山。

师：作者在担忧边关的安宁，在考虑国家的命运，在忧虑老百姓的疾苦，如果有李广这样的将军，胡马就不敢来入侵了。（屏显：天下兴亡，匹夫有责。）这是我们教材的单元提示里出现的八个字。匹夫是谁啊？匹夫是平常人，是每一个人。国家的兴亡，每个人都有责任，这是一种什么样的精神呢？

生：爱国精神。

师：作者在这首诗里面表达了爱国情怀（板书）。天下兴亡，匹夫有责，

有你的责任吗？（指一生）

生：有我的责任。

师：有你的责任吗？（指另一生）

生：有我的责任。

师：有大家的责任吗？

生：有大家的责任。

师：有我的责任吗？（指自己）

生：有！

师：我们每个人都有责任。理解了这首诗的作者表达的感情，再把这首诗好好地读一遍，能背诵的同学就背诵。

（生齐读，师范读，生再齐读或背诵。）

师：望着同一轮明月，边塞上的将士思念家乡的亲朋好友，而家乡的亲朋好友也在思念边关的将士。怎么把思念传递出去呢？（屏显）

驿寄梅花，鱼传尺素。（宋·秦观）

生：写信。

师：我们古人把写信说得多么美。驿寄梅花：请邮差寄送梅花。比喻向远方友人表达思念之情。鱼传尺素：指传递书信。这个单元要求同学们学会写信，大家翻到课本的第106页，看一看写信的时候要注意什么问题。（屏显）

练习：自学课本第106页写信的格式要求，以家人的口吻，为出塞的将军或战士写一封温暖的家信。

（生初步练习写信，就信的格式进行交流研讨。）

师：作业是，修改自己写的家信，注意把格式写正确，把内容写清晰。

第一，抓住一以贯之的单元写作任务，做到读写融通。本单元的写作教学任务是实用文写作：写信。从格式正确到内容清晰，这个学习目标不是仅靠单元学习末尾的2课时来完成，而是在单元课文的教学中，不失时机地联系这一写作任务，一步一个脚印地、层层递进式地呈现、复现、再复现，一以贯之，步步为营，设计系列训练，引导学生把写信真正掌握扎实。本节课让学生自读单元写信范例，初步认识写信，了解写信的一般格式，注意称呼、问好等内容。后面的文章学习中，逐步把写信其他方面要学习的内容分解到其他篇目的练习中，环环相扣，使阅读与写作有机融合。这样做还有一个优势，就是能够很好地借用文本资源，做到读写融通。比如，学生对《出塞》一诗的体验，可以通过书信的形式表达出来。关于写作对象的选择问题，如果没有情境提示，学生的写作对象往往狭隘地局限在同学、家人等方面。结合教材内容后，就可能是战士给家乡的亲人写信，给周总理、梅兰芳、共产党人等不同对象写信，这有利于扩展学生思维的深度和广度。

第二，重视立德树人。立德树人的德育目标不能贴标签，更不能生搬硬套，做好结合文章非常重要。从单元目标看，"天下兴亡，匹夫有责"这一价值观贯穿于每篇课文的学习之中。单元教学的整体设计要对这一目标的落实安排好计划，方法要有可操作性。

（二）大概念在《平行与相交》教学中的价值

大概念是指学科领域中最精华、最有价值的核心内容。树立基于大概念的教学意识，用大概念统摄教学内容，紧扣知识关键点，突破重难点，会让学生学得更好。以下通过笔者所听的《平行与相交》这节课的教学片段分析基于大概念优化教学设计的几个关键问题。

1. 设计具有思维冲击力的核心问题

学习卡中，教师给学生布置的任务是：把图中的几组线进行分类，用自己喜欢的方式表示出来。

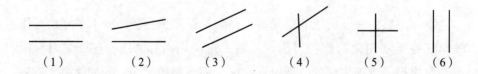

（1）　　（2）　　（3）　　（4）　　（5）　　（6）

在这道习题的设计中，涉及6组线，列举了2条线之间的各种关系，创设了问题情境，有利于学生从旧知出发，生发出新知。基于大概念设计优质问题是教学中的重要环节，这里，教师创设的问题是合理、科学的。这节课包含的哲学观念为：透过现象看本质，以有限观无限。当然，这不需要教给小学生，而是教师备课时要有上位思考，有利于选择优质问题和优化教学过程。这节课的大概念是：在同一平面内，永不相交的两条直线平行。教师在教学中要注意把握重点以及知识点之间的关联，从具体案例出发，抽象出基本规律，抓住大概念优化教学设计，让学生对核心概念有真正的认识，引导学生看到学习知识的本质，不是灌输知识，而是真正探究问题。

2. 给学生充分研讨问题的时间和机会

问题出示之后，教师安排学生在小组内、小组间展开讨论，让学生充分酝酿问题，引发争论，形成思维碰撞，使学生的思维可视化，充分暴露学生的思维冲突。学生们小组合作学习、热烈讨论时，笔者走到一个小组中去观察，发现除了小组长把几组线分成了两类之外，其余的同学都把几组线分成了三类。同学们围绕分类踊跃发言：

生1：（1）（3）（6）平行是一类，（2）不平行是一类，（4）（5）交叉是一类。

生2：分类标准是什么？

生1：平行和不平行。

生3：（2）是不平行吗？（2）是不是相交？

生1：噢，分类标准应该是平行、不平行和交叉。（2）不平行，又不交叉，所以单独是一类。

生3：有道理。

生4（小组长）：我原来分了两类，（1）（3）（6）是平行的，（4）（5）（2）是不平行的。可是现在看（4）（5）是相交，（4）（5）（2）就不能分成一类了，还是分三类吧。（这其实是错误的）

［讨论的结果是大家把小组长拽下水，同学们一致同意该题目要分成三类了。在另一个学习小组里，笔者又看到一位同学分成了两类：（1）（2）（3）（6）不相交为一组，（4）（5）相交为一组。这也是错误的。看来，学生们最难辨别分类的是（2）。在全班展示环节，另有一个小组的同学把几组线分成了两类：（1）（3）（6）一类，（2）（4）（5）一类。展示完后询问大家的意见。］

　　生5：（质疑）你们分类的标准是什么？

　　生6（展示的学生）：相交和不相交。

　　生5：可是（2）不相交啊。

　　生6：（2）现在不相交，但是延长之后就相交了。直线是可以无限延长的，比如马路就不是那么短。

　　师：请你用尺子把（2）中的两条直线延长，画一下（2）相交的情况。

　　（生6画线，生5表示赞同。）

　　这一教学环节让学生充分讨论发表见解，值得肯定，但仍存在可商榷之处。教学中貌似解决了学生的困惑，教师就转入了下一教学内容。然而，笔者发现先前答案不正确小组的同学并没有修正学习卡上的答案，而且在后续内容的学习中也显示出没有真正学明白。（2）为什么属于相交这一类，是学生学习的疑难点，是这节课的重难点，是学生学习的关键环节。然而，学生的体验是不够的，理解是不深透的，教学效果打了折扣。

3.帮助学生突破认知冲突建立核心概念

　　学生的认知冲突是宝贵的学习资源。针对课堂上学生的学情，如何有效利用这一资源呢？建议教师乘胜追击，帮助学生建立起科学、正确的概念，深入理解概念。这个教学环节，学生纠结于两个关键点：一是分类标准；二是（2）归入"不平行"或"不相交"还是"相交"。实质上，这两个问题又是密切相连的。按不同的分类标准分类结果会不同，如果按照"平行、不平行、相交"三个标准进行分类实则是不科学的。同一平面内不平行的两条直线会相交；不是同一平面的两条直线，不平行但不会相交。教师应及时捕捉到学生思维的障碍所在，带领学生深入分析平行、不平行、相交这三个概念。教师可以追问，提出具有思维挑战性的问题。问题可以这样设计：

第一个问题：（2）现在不平行，会相交吗？

学生思考后应该能得出"会相交"的答案。

第二个问题：所有不平行的两条直线都会相交吗？

这个问题对四年级的学生有难度，教师可以趁机举出案例，一条直线画在桌面上，一条直线画在地面上，这两条直线不平行，会相交吗？

学生思考后认识到不会。那么，再抛出第三个问题。

第三个问题：在什么情况下不平行的一组直线是相交的？

让学生自主得出：在同一平面内，不平行的一组直线是相交的。而"在同一平面内"正是相交概念的重要前提条件。这里，教师依循学生的认知冲突，引导学生一步一步自主思考，顺理成章、水到渠成地得到正确结论。教师最重要的事情就是给学生"搭脚手架"，帮助、引导学生突破难点，习得概念。

更进一步，教师引导学生把疑点最多的（2）拿出来深入研究，对比其与相交之间的关系：（4）（5）是在平面内就出现了相交情况，（2）虽然目前没有出现相交，但是延长之后就能相交，也就是在同一个平面内不平行的两条直线其实就是相交关系。这种思维方式叫"透过现象看本质"，这是在教给学生数学思维。

至此，再回过头来引导学生分析如果以"平行、不平行、相交"作为分类标准正确吗？

基于这个问题让学生充分思考，获得基本认知：在同一个平面内，不平行事实上就是相交，也就是有两个分类标准——平行和相交，最终那六组线要分成两类。

在这个题目中，对（2）无法正确归类的问题是学生的外显问题，学生的疑难点表现为对"不平行"和"相交"的概念认识模糊和对"两条直线不在一个平面内"毫无感知。教师首先要引导学生把分类标准搞清楚，澄清分类标准的过程就是厘清概念的过程，分类标准澄清了，问题也就迎刃而解了。

4.紧扣大概念引发学生深度体验与思考

反思这个教学片段，得到一个重要启发：教师要舍得在重难点处放慢步伐，让学生思维碰撞，产生深度体验，深入理解学科大概念。要做到这一点，就必须密切关注学情。对学生学情的掌握可以发生在课前、课中、课后的各个时段与环节。学生的对话表现出学生思维的路径，蕴藏着学情。教师在组织学生展示学习成果和鼓励学生互动交流时，要以一名合作者、参与者的身份，认真倾听学生的表达与对话，准确判断学情，恰如其分地进行点拨，既不一下子说透，又能顺着学生的思路循循善诱，及时提醒。如，教师追问："（2）到底能够相交还是不能相交呢？""不平行的两条直线一定相交吗？"除了引导学生分析（2）延长之后相交，更要把学生的思维从平面拓展到立体空间，分析出平行线必须是"在同一个平面内"。教师对学科大概念，也就是教学关键点的把握要清晰到位，以便及时把学生跑偏的思路引领到正确的思维上来，激发学生探究的欲望，点燃学生思维的火花。学生之所以分类不准，是因为对平行这一概念没有产生真正理解。教师如果有基于大概念教学的意识，就能对学生在课堂上表现出的思路不清、分类不明等及时发现与纠正，让学生去思考原因与结果之间的关系，弄清楚为什么是平行的，为什么是不平行的。同时适当点拨，当两条线不在一个平面之中时，系统变了，结论就不成立了，为学生将来要学习的知识打下伏笔，此所谓进阶性学习。另外，基于相同标准进行分类是学生应该学习的一项重要技能。分析学生的分类标准，可以有效评估学生是否理解平行与相交的概念与内涵，教师要提供探究空间，提升学生学习的思维含量。

总之，教学中，教师紧扣大概念进行追问点拨，精讲解疑，拓展提升，有利于学生深度理解概念，有效解决问题。

（三）以大概念思维解一道数学题

1.一道有趣的数学题引发的讨论

朋友提供了一道数学题，非常有意思，如下页图所示。

Puzzle：最快到达

你在放学回家的路上，接到爸爸的电话，他刚好下班，可以开车在中途带上你回家。

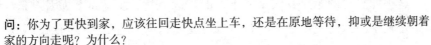

问：你为了更快到家，应该往回走快点坐上车，还是在原地等待，抑或是继续朝着家的方向走呢？为什么？

首先，这个题目极具生活气息，就是生活中经常遇到的场景。这个问题也非常有意义，这个行人到底如何行动才能尽快到家呢？

我在"基于大概念的教学设计优化研究"课题组的工作群里转发了这张图片，得到的回答五花八门。

老师1说：最快的到达方式是不是行走—同行—抵达目标？

这不是一种理科的思维方式，回答是文不对题的，我说题目问的是人的三种走法，采用哪种到家快些。备课中，文不对题是最要命的问题，是一定要纠正的。

老师2说：我觉得朝着家的方向走，应该是快的。

我要求说出理由，该老师回答说：有目标，不停止行走就是最快的方式。

还是没有抓住问题的关键，我提示说：基于大概念教学的思维是抓住重点，忽略其他。在这个问题中，一个重要的内容是时间 t 等于距离 s 除以速度 v。

老师2继续说：因为车比人快，那么人先朝着目标走，离家就近，也就是距离短呀，那么等车接到人的时候，开车再回家用的时间自然少。

我说：好像有问题，因为车走、人走都是要计时的呀。

老师2说：好像真有点不对。

我说：问题的重点是什么？

老师2说：重点是看他离家的路程有多远？如果在他爸没到的时候，他就走回家了，那就是第三种。

我说：题目中说的是"中途"。

老师 2 说：那就是中途离家的距离。

我说：我想主要考虑的不是这种情况，假定车是一定要接上学生的。

老师 2 说：我总感觉方向是一致的，对的，走总比静止强吧，但又不知道理由为何。又感觉一样。

这种凭感觉的思路其实是靠不住的。这个题目设置的干扰因素非常厉害，遮蔽了问题的主要矛盾。哲学告诉我们思考问题要抓住问题的主要矛盾，要抓住重点。

这时，老师 3 说：学生尽快到家，是以学生为研究对象的，路程 s 和他的速度 v 的比值（$t=s/v$）就是时间。应该研究他走的路程和他自己的速度间的关系，与汽车无关。若坐上汽车，学生的速度就是汽车的速度。

这完全是用理科的思维在思考问题，而不是凭感觉。但是，"与汽车无关"的论断是有问题的。

我说：车要接人的，怎么会与汽车无关？这样分析速度好像很复杂。

老师 2 又说：汽车如果是一个速度的话，接上孩子也就是一瞬间的事，无论在哪接，到家的时间是不是都一样呢？

老师 3 说：作为一个运动模型，学生接到电话时，到家的位移是个定值，到家的时间只由速度决定，学生的速度有两个值，一是自己走路的速度，二是坐上车后汽车的速度。

从运动模型的视角思考问题，我感觉路径很对，已经接近问题的本质了。我再强调说：假定车一定会接上人，情况怎样？

老师 3 说：以汽车为运动模型，中途一定接上学生，时间就由汽车的路程和速度决定，与学生向哪走没有关系。

老师 2 也说：到家的时间应该是一样的吧。

至此，结论已经出来了。

2. 从抓住关键因素方面对这道数学题进行反思

在这道题目中，出题人成功地设置了干扰因素——学生的三种选择：快点坐上车；在原地等待；继续朝着家的方向走。

从数学建模或物理模型的角度出发，这个案例中，因为需求的是时

间 t，我们最需要抓住的关键就是距离 s 和速度 v。距离 s 和速度 v 就是我们要瞄准的两个核心概念，只有把核心概念找准了，解题路径才可能正确。

这个题目更科学的解题思路是这样的：如果人与家的距离足够短，人能够不等车追上来就回家了，当然就是最快的。这里，我们假定车一定能接上人，人上车的时间忽略不计，堵车忽略不计，车是匀速运动的。那么，假定车离人的距离是 s，车离家的距离是 l，车的速度是 v_1，人的速度是 v_2，相遇之前的时间是 t_1，相遇之后的时间是 t_2，我们要求的从接电话到回家的整个时间是 t。人往回走，$t_1=s\div(v_1+v_2)$；人原地不动，$t_1=s\div v_1$；人朝着家的方向走，$t_1=s\div(v_1-v_2)$，$t_2=(l-v_1t_1)\div v_1$。这样的算式看起来比较麻烦。我们直接从时间的角度思考，则时间 t 等于人车相遇前用的时间加上相遇后用的时间。那么 $t=t_1+t_2=t_1+(l-v_1t_1)\div v_1=l\div v_1$，则从接电话到回家的这段时间只跟车速有关。

抓住问题关键说起来简单，但是做起来却比较难。所以，有朋友不客气地说："你跟学生说一百遍抓住关键概念解决问题，学生也是不会的。"

因此，我们需要深入思考的是：抓住关键因素的方法是什么？如果方法不明确，那么，抓住关键因素就是一句落不了地的空话。这里借用北京师范大学吴金闪老师给出的路径，这是吴老师 2019 年 4 月 30 日在他的微信公众号里发布的《数学模型与科学》一文中提到的，如下：

数学模型就是把一个实际问题转变成一个数学问题：把实际问题中的因素变成数学的概念和量，因素之间的关系变成概念和量之间的关系。在这个过程中，我们经常需要忽略一些因素，简化一些因素。有了模型之后，可以对这个模型做计算，得到一些结果。最后，我们可以对比实际问题和得到的结果，如果不符合则再一次修改模型：可能某些其他因素要包含进来，可能某些关系错了或者还需要包含进一步的关系，也可能是求解过程出了问题。

数学建模，就是一个从具体问题到数学模型的过程，典型地包含：

（1）面对现象，提出初步问题。

（2）问题明确化思考：目标弄明确，条件搞清楚，然后抓住最主要的因素（这些因素之间的关系，和目标的关系），扔掉其他一切，有必要时将来再捡起来。

（3）建模型，抽象：提出合理的假设，问题简单化，把目标和条件数学化，定义合适的量，数学化这些量之间的关系。

（4）算出来，用一下试试，继续改进。

这个方法对我们具有很好的启发作用。

3. 基于大概念视角对数学题进行反思

抓住关键因素就是大概念的思维方式。

这道数学题的核心概念是时间等于距离除以速度。哲学观念层面，我理解为抓住事物的主要矛盾。

第一，共通概念，也就是跨学科概念中，要考虑"模式"问题，数学家正是通过模式的建构与研究进行工作的。数学是模式的科学。用公式来解题就是一种利用模式的思维方法。

第二，系统与系统模型。运动是一个系统，匀速直线运动是有运动模型的。

第三，原因和结果（机制和解释）。假若车是一定能够接上人的，那么，时间决定于车的速度而与人的行动无关，这是问题的关键因素，导致的结果就是，关于人的三种选择都可以看作是干扰因素。

第四，尺度、比例和数量。问题的关键是时间、速度、距离三者之间的数量关系，只是这道题的复杂性在于时间、速度、距离不止一个，要决定用哪个，舍弃哪个，思维的力度正在于此。

第五，稳定和变化。人的走动与不走是一种变化的量，然而却对结果没有影响。变化中蕴含着稳定，稳定中却有变化，这种辩证的表现方式使这道题充满了魅力。

第五章
基于大概念的跨学科教学设计优化

　　未来社会需要培养具有知识迁移和解决实际问题综合能力的劳动者。跨学科融合逐渐成为教育界关注的热点问题，是教育发展的趋势之一。可喜的是，跨学科教学将在正在征求意见的义务教育新课程标准中提出具体要求。

一、跨学科学习的内涵、意义与方式

（一）跨学科学习的内涵

　　"跨学科教育指以一个学科为中心，在这个学科中选择一个中心题目，围绕这个中心题目，运用不同学科的知识，展开对所指向的共同题目进行加工和设计教学。"[①]

　　跨学科学习（interdisciplinary study），是基于跨学科意识，运用两种或两种以上的学科观念以及跨学科观念，解决真实问题的课程与学习取向。跨学科学习既是一种以跨学科意识为核心的课程观，又是一种融综合性与探究性为一体的深度学习方式，还是一种以综合主题为基本呈现方式的特殊课程形态。[②]

[①] 杜惠洁，舒尔茨.德国跨学科教学理念与教学设计分析 [J].全球教育展望，2005（8）：28-32.
[②] 张华.跨学科学习：真义辨析与实践路径 [J].中小学管理，2017（11）：21-24.

（二）跨学科学习的意义

在以考定教的教学氛围中，局限在学科之内，使教师没有进行迁移整合的教学意识，使学生也失去了重新构建知识的机会和动力。常年的学科教学工作，使学科之间壁垒森严，日常教学中并没有太多老师有意识地思考如何在学科之间进行有意义的整合，专注于自己教授的学科，无暇他顾。实际上，教师的分立并不意味着学生的学习也是分裂的，相反，学生要学习各个学科的知识，各类学科知识之间不可避免地存在着交叉与融合。学科融合的价值与意义在于，人类在解决各种生活、工作中的问题时，往往并不借助于单一学科，学生的学习和认知是综合性的活动，不是学科割裂的活动。学生发展核心素养对学生的要求也是跨学科的。学科之间内在的联系是实现跨学科教学的基础。学科融合应该指向问题的解决。

教师不能无视学生的这种学习现状，而应把跨学科教学列入自己的研究范畴，这有利于学生的学习与真实的意义世界相联系，因为这个世界不是分学科存在的。跨学科的教学更符合学生学习的心理逻辑，因而更能够提高学生的学习能力与素养。

跨学科提倡多门学科的参与，共同面对学习目标，让学生更好地进行问题探究与学习，以产生更好的综合效益，这对教师的知识储备与教学能力构成了新的挑战。

跨学科教学中，很多时候采取主导学科与辅助学科相结合的教学方式，主导学科是学生学习的主要内容，其他学科可以作为方法与手段。跨学科融合最大的难题是如何实现真正融合，很多时候，虽然把多学科内容组合起来了，却貌合神离，像是大杂烩、大拼盘。跨学科教学并不是将不同学科的知识堆砌在一起，而是寻找学科与学科之间的关联点，使学科之间建立起有意义的联系。解决这个具体又现实的问题最好的方法是以大概念进行统摄。大概念可以发挥关联点的作用。每个学科都紧扣大概念进行设计，使各个学科的知识有一个内在的统一性，从而实现学科之间的真正融合。也就是说，多学科融合课必须有一个需要集中解决的核心问题，然后围绕着这个中心（大概念）来组织各学科的知识。

（三）跨学科学习的方式

跨学科课程，除了教师基于学科课程自主整合而成的课程形态之外，比较常见的有综合实践活动课程、STEM 课程、项目化学习等。

综合实践活动课程是指在教师的指导下，由学生自主进行的综合性学习活动。综合实践活动课程是基于学生经验，密切联系学生的生活和社会实际，体现对知识综合应用的学习活动。

因此，综合实践活动课程就是一种跨学科课程，注重学生创新精神、实践能力和社会责任感的培养。学生面向真实的生活世界，发现问题、提出问题、分析问题和解决问题，综合运用多种学科知识进行探究性学习，从实践中获取体验。

STEM 课程作为一种新的教育理念和模式，是一种重实践、跨学科，区别于传统的注重书本知识的单一学科教学的教育概念，它打破了传统教学孤立地传授学科知识的做法，强调跨学科学习，摆脱了传统意义上的教材，转而面向现实中的具体问题或项目，探究解决问题的思想和方法，强调知识的综合运用和培养学生的创新性思维，注重培养综合性人才。

项目化学习基于真实的生活情境设计问题（称为驱动性问题），借助多种资源，从跨学科视角，在一定时间内创造性地解决多个相互关联的问题，形成一定的学习成果。这是一种以项目为载体的学习模式。

项目化学习基于目标与大概念引领，首先梳理项目任务，再设计方案解决问题，然后检测验证评价学习成果，最后进行反思。强调学生为学习主体，引导学生创造出一套能解决问题的可行的产品，培养学生的动手能力及创新能力。

项目化学习基于真实的生活场景，实操性强，有利于激发学生的探究兴趣和积极性。解决问题的过程中，教师、学生等可以相互协作，教师可以给学生提供一定的支持。

项目化学习增加了学生探索大概念的机会，有利于培养学生的综合能力和核心素养。

二、基于大概念跨学科教学设计的基本内容

（一）厘清大概念，探索跨学科知识网络

教师不再把零碎的知识与技能作为学生学习的目标，而是通过大概念，统领起跨学科的知识结构。梳理和探寻大概念是跨学科教学的要害，要根据大概念的特征进行梳理，厘清跨学科教学的大概念的内容是什么。大概念是指向跨学科中的每一个学科的概括性概念，能够促进陈述性知识的整合。这需要教师对不同学科的知识都有理解，具有较强的归纳概括能力。这依赖于教师对学科大概念具有清晰的认识，在此基础上，再进行跨学科大概念的梳理与概括。跨学科大概念是各学科知识联结与整合的基点。分散的学科知识在大概念统帅下达到结构化。

1.跨学科概念

在本书的第二章，介绍了大概念视域下的跨学科概念，也称为共通概念，2011年美国发布的《K-12科学教育框架：实践、跨学科概念和核心概念》列出了七项共通概念：模式；原因和结果（机制和解释）；尺度、比例和数量；系统和系统模型；能量和物质（流动、循环和守恒）；结构和功能；稳定和变化。以下为跨学科概念的相关要素：

（1）模式：自然界事物普遍存在的内部或外部的本质属性，有物质形成的模式、问题解决的模式等，一般存在于具有形状、结构的规律性、重复性、稳定性、守恒性的物体和事件中。通过观测模式，可以对事物进行组织和分类，并找出事物之间的逻辑关系或影响因素等。

（2）原因和结果（机制和解释）：了解某一事件的产生受其他事物的影响，分析影响的因素。研究自然界万物间内在的因果关系及规律性的机制和原理，并将其在新的情境中应用或预测和解释新的事件。

（3）规模、比例和数量：用于对自然界的精确描述和层次性的把握，是研究自然界事物和科技应用的功能与运作的基础。规模可使人们从事物的空间、时间和能量等尺度进行描述，比例可使人们从数学角度理解两个

概念间的关系。事物的运作或呈现会随着规模的变化而变化，事物间的关系也会随着量的不同而不同。

（4）系统和系统模型：系统是由相互影响的事物集合成的有机整体，系统有组成结构、边界及与外界的物质和能量交互。通过系统可以有效地分析系统内部各因素间及各因素与整体间的关系。系统模型是对自然界事物的简化模拟，是对真实物体、事件或过程的具有解释和预测功能的结构。系统模型可用于解释系统的特性和系统内部各部分的关系，可用于预测或诊断系统运作时可能出现的问题，而且有助于将该系统用于其他情境等。

（5）能量和物质（流动、循环和守恒）：能量与物质是自然运作的载体和动力，也是所有科学和工程原理的基础概念，经常与系统联系在一起应用。分析能量和物质如何流入或流出系统，如何循环与守恒，可以让人们更好地理解自然界中事物运动的本质，且有助于人们理解系统的可能性和局限性。

（6）结构和功能：结构和功能是物质或生命体、系统互为依存的两重属性，一者可为另一者提供解释。物体或生物体的形状和结构决定了它的许多特性和功能，而功能是结构的反映。

（7）稳定和变化：稳定和变化展示了自然界一切事物的演变历程，是研究众多科学和工程技术问题的基本前提。任何事物都会因物质和能量的输入或输出发生变化，但最终会建立一个稳定或平衡的状态。对自然和人造的系统而言，研究系统的稳定、演变和变化是最关键的因素，有利于人们认识和研究客观事物的变化规律。

这些跨学科概念，是每一位学科老师都需要认识、理解与运用的。在我们课题组的课例研发过程中，我们也在培训教师对跨学科概念的理解与使用。

2. 芬兰课改中的跨学科能力

芬兰 2016 年的课程改革的目标是发展学校文化，运用整合方式促进教学，引领学生理解不同学科之间的相互依存关系。课改任务聚焦于跨学科学习任务的确立和七种横向跨学科能力的培养，这七种能力分别是思考和学会学习、文化能力互动与表达、日常生活自理及照顾他人的能力、多元读写能力、信息与通讯技术能力、工作技能和创业能力、参与影响和建设可持续发展的未来。

芬兰教育的跨学科能力对于我们基于大概念的跨学科教学设计具有一定的借鉴价值与意义。

（二）基于大概念设计问题情境

驱动性问题是跨学科学习的抓手。驱动性问题与课时、单元问题一样，要遵守一些基本的规范——兴趣性、生动性、概括性、情境性、开放性等，是引发学生学习的动力之泵。此外，对于跨学科教学，驱动性问题还有其个性特点：一是足够大，能够跨越学科的界限，问题的设计要蕴含多学科知识；二是直指某个领域的核心内容。问题要有利于探测知识的广度与深度。同时，安排学生需要解决的核心任务，辅之以学习支架或评价量规。

（三）检测学生的学习效果

教师的教学设计中，可以采用本书在第六章提到的一些工具，比如概念图、评价量规等。这些工具主要不是对别人材料的拷贝，而是教师个人与团队的创造性成果。因此，这些成果具有原创性，是教师的原创性产品，应该受到知识产权的保护。从这个意义上讲，教师的教学更显示了专业性，更有利于教师的专业发展，促进教师走上专业发展之路。

三、基于大概念跨学科教学设计的案例

（一）高中地理《河流地貌》教学案例[①]

大概念指向学科核心内容和教学核心任务，能反映学科的本质。

[①] 戴文斌，夏志芳，朱志刚.基于大概念的高中地理跨学科教学资源的整合——以"河流地貌"为例 [J].地理教学，2018（24）：5-8，19.

1. 哲学观念

河流地貌的存在体现了"运动是物质的固有性质和存在方式"。

2. 跨学科概念

跨学科教学资源的整合以知识的联系为纽带，将核心概念归属的学科作为主要视角，对教学认知体系中的不同概念进行联系。由此，学生的认知渠道变单一为多元，认知过程由平面转立体。比如在有关河流地貌的教学中，可以形成"以大概念为先导的教学认知体系"：

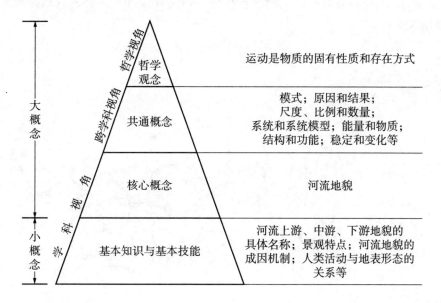

3. 核心概念

河流地貌是河流作用于地球表面所形成的各种景观的总称。

"以大概念为先导的教学认知体系"示意图展示了大概念与小概念之间的关系。通常教师的备课，只备到小概念层面，或者能够把核心概念也备进来。如果没有大概念意识，教师往往很难再从共通概念与哲学观念视角展开备课活动。这就显示了，教师有大概念教学意识的重要价值与意义。

戴文斌等老师在备课中，整合物理、历史与文学等跨学科知识，让学生从地理视角认知和欣赏自然与人文环境，懂得人与自然和谐共生的道理。

（1）地理学与物理学。

河流运动中物质迁移促成的地貌发育，主要取决于重力势能与动能的转化结果。从物理学的惯性知识出发，学生对于河曲处凹岸侵蚀、凸岸堆积会有较好的理解。

（2）地理学与历史学。

例如，联系历史学知识并读图——"长江流域主要古文化遗址分布示意图"，思考：为何古文化遗址均分布于长江干支流的中下游沿岸？为何古"云梦泽"（今洞庭湖一带）地区较少分布古文化遗址？人类的宜居地应满足哪些条件？

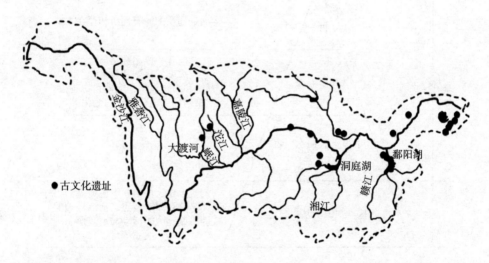

（3）地理学与文学。

漂流于上游，李白在《早发白帝城》中感叹"两岸猿声啼不住，轻舟已过万重山"，此为对横剖面的描述；

泛舟于中游，范仲淹在《岳阳楼记》中赞叹"衔远山，吞长江，浩浩汤汤，横无际涯"，此为对地形地势的描述；

行走于下游，李白在《登金陵凤凰台》中言"三山半落青天外，二水中分白鹭洲"，此为对沙洲的描述。

下页表展示了"文学与地理学描述不同地貌特征的联系与区别"。

学科	描述内容						
文学	高 / 低	落差	陡 / 缓	高低错落	瀑布	农田	—
地理学	海拔	相对高度	坡度	起伏状况	自然景观案例	人文景观案例	剖面图（绘制）

　　基于大概念的教学设计必须辅之以教学方式的变革。在以上基于大概念的备课基础上，教师采用了主题式教学方式。"主题式教学的流程"如下图所示。这种教学方式呼应高中新课程标准的要求和新教材的要求，吸收《中国高考评价体系》《中国高考评价体系说明》的相关精神，为学生设置真实的生活情境，确定出核心问题，让学生自主、合作、探究地解决问题，并配合评价反馈。如此，才能使基于大概念的教学设计真正发挥出应有的作用，达到较好的教学效果。

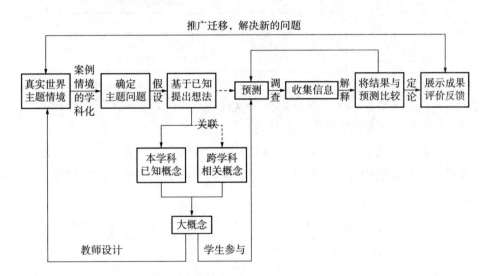

（二）历史、地理、政治三科整合课程①

　　广东省汕头华侨中学政史地三科老师共同开发了一节跨学科整合课程，

① 郭华夏，陈宏之，蔡东. 核心素养导向的政史地跨学科课堂建构［J］. 思想政治课教学，2020（3）：33-37.

老师们经过多方磨课，数易其稿，最后形成了"'总—分—总—升华'教学设计流程图"（见下图）。

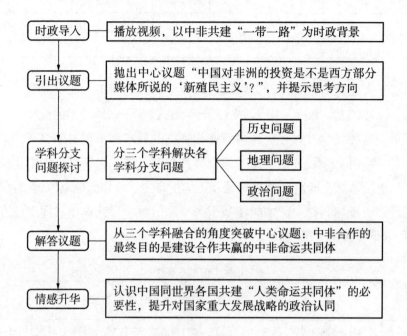

在这个课例研发中，教师在跨学科整合方面感受到的最大的难点就是难以使学科之间有机整合而不是拼盘。

最终攻克这个难点，靠的是找到了中心议题：中非合作的最终目的是建设合作共赢的中非命运共同体。笔者认为，此中心议题正是我们在本书中所探索的大概念。

该中心议题之所以可以作为大概念，是因为具有大概念所要求的中心性、持久性、网络状、迁移性特征（详见第二章）。

这个大概念是学生需要持续理解的一个核心内容，需要教师搭建学习支架，设计情境性问题，布置核心任务，让学生综合思考，并在教师的点拨下升华到中国提出的"构建人类命运共同体"。

"'总—分—总—升华'教学设计的议题和分学科学习支架"如下页表所示。

中心议题	学科分支问题		
	历史	地理	政治
中国对非洲的投资是不是西方部分媒体所说的"新殖民主义"呢?	19-20世纪初西方列强对非洲的殖民统治。	中国在东非援建铁路的地理背景和意义。	构建中非命运共同体的政治意义。
	① 19世纪末至20世纪上半叶,西方列强控制非洲的手段及其影响。② 20世纪末美国在非洲推行新殖民主义的方式及其目的。	①造成"亚吉铁路"修建难度大的不利条件。②港口和铁路交通线的建设对埃塞俄比亚发展的经济意义。	运用当代国际社会知识,分析携手打造"中非命运共同体"的政治意义。

(三)作一首数学的歌

山东大学附属中学的苏晓虎主任带领研究团队开展了基于大概念的单元教学设计研究,并基于"跨学科教学"思维,在青岛的课堂教学高峰论坛上和音乐老师徐小婷共同执教了四个课时的单元整合课,课题名称是"作一首数学的歌"。

在四个课时的跨学科大单元教学设计中,整合的数学的本体性知识是:平移、旋转、轴对称的相关内容。

学生要学习轴对称的性质:在轴对称图形或两个成轴对称的图形中,对应点所连的线段被对称轴垂直平分,对应线段相等,对应角相等。

学生要学习平移的性质:一个图形和它经过平移所得的图形中,两组对应点的连线平行(或在同一条直线上)且相等,对应线段平行(或在一条直线上)且相等,对应角相等。

学生要学习旋转的概念:在平面内,将一个图形绕一个定点按某个方向转动一个角度,这样的图形运动称为旋转。这个定点称为旋转中心,转动的角称为旋转角。旋转不改变图形的形状和大小。

学生要学习旋转的性质:一个图形和它经过旋转所得的图形中,对应点到旋转中心的距离相等,任意一组对应点与旋转中心的连线所成的角都等于旋转角;对应线段相等,对应角相等。

老师为学生设计了学习支架。学生可以借助几何画板等多媒体方式演示自己的设计思路。老师还为每一个合作探究小组下发了一个"大礼包"，是学习平移、旋转、轴对称的学具材料，学生可以进行剪裁、拼接。

本次跨学科学习的驱动性任务是：作一首数学的歌。具体任务为：

（1）领取研究工具。

（2）研究旋转变换的性质。

（3）根据研究工具制订研究方案并实施，充分发挥各小组的研究力和合作力。

要求：组长领导定分工，疑难重点共研讨。

在这个任务中，音乐老师把钢琴搬进了课堂。老师引导学生随机说出几个音符，写在五线谱上，然后要求学生用学习到的数学知识——平移、旋转、轴对称，对这些音符进行各种变换，从而形成一段曲子。音乐老师自己创作了一首短诗，要求学生把经过平移、旋转、轴对称形成的音符与诗配在一起，作成一首歌。

这个颇具诱惑力的任务，让学生们兴奋异常，纷纷积极、主动地投入到利用变换音符创作歌曲的学习中。

在这个教学设计中，引领整个过程的大概念是：用数学与音乐语言共同表达世界。并非将大概念直接教给学生，而是学生在体验的过程中自己习得大概念。

这个单元整体学习的成功取决于教师的精心设计。教师对要学习的平移、旋转、轴对称进行了整合，根据学习内容给学生设计任务，为每个小组准备了研究工具，开展小组探究式学习。这个学习任务设计具有一定的整合性，新颖别致，具有挑战性，很受学生欢迎，现场的教师也感觉深受启发。

四、基于大概念跨学科教学设计的注意事项

基于大概念的跨学科教学设计并不是一件非常容易的事情，不少教师对此具有陌生感。不要执拗于细碎的事实性知识，把内容设计得繁杂肤浅。

有时设计了许多活动，表面上看热热闹闹，学生参与面很广，实际上学生的思维深度不足，没有触及到知识的本质，没有真正调动起学生的思考与探究。

强关联的概念联结点是教师需要努力寻找的，这有利于把各学科知识进行有机整合。前文所述七个跨学科概念（共通概念）依然可以给我们很多有益的帮助与启发，只不过有点抽象，不够具体，需要针对学科特点、学情等进行具体设计。

在进行基于大概念跨学科教学设计时需注意以下事项：

- 寻找适切的大概念；
- 不能偏离学科教学的初衷和本意；
- 明确主导学科的学习目标；
- 增强学科之间的内在关联性；
- 聚焦项目的学习目标；
- 要打破森严的学科壁垒；
- 拓展跨学科整合的范围与路径；
- 要紧扣重难点，切忌繁杂；
- 设计具有冲击力的核心问题；
- 设计对学生极具诱惑力的驱动性任务；
- 为学生提供学习支架；
- 科学设计评价量规；
- 评价方式方法要得当。

总之，不能只局限于体现知识、能力、情感三个方面的目标与元素，更要指向学生核心素养发展。

第六章
基于大概念的学习与思维工具分析

在基于大概念的教学设计中，教师需要借助一定的工具备课以及为学生的学习提供支持。促进大概念学习的工具主要有概念地图、思维导图、表格、图表、流程图，以及评价量规等。鉴于其他的内容读者朋友比较熟悉，这里主要介绍概念地图和评价量规。

一、促进大概念理解的概念地图

（一）概念地图的内涵

所谓概念地图（concept map），是指学习者对特定主题建构的知识结构的一种视觉化表征。概念地图也叫"心智 / 思维地图"（mind map）、"心智 / 思维工具"（mind tool）。换言之，概念地图是语义网络的可视化表示方法，是人们将某一领域内的知识元素按其内在关联建立起来的一种可视化语义网络。概念地图以视觉化的形式阐明了在知识领域里学习者是怎样使概念之间产生关联的，并且揭示了知识结构的细节变化。[①]

约瑟夫·D·诺瓦克（Joseph·D·Novak）于 20 世纪 70 年代，在康奈尔大学（Cornell University）发展出概念图绘制技巧。当时，诺瓦克将这种技巧应用在科学教学上，作为一种增进理解的教学技术。概念地图是一个带

---

① 钟志贤，陈春生. 作为学习工具的概念地图 [J]. 中国电化教育，2004（1）：23-27.

结构的命题的集合，表达了概念与概念之间的关系。概念图是一种能形象表达命题网络中一系列概念含义及其关系的图解，是用来组织和表征知识的工具。概念地图的运用有利于形成知识之间的联系，因为学生借此能够了解学习材料的结构。当学生学习的材料是松散的，难以看出结构时，概念地图也许特别有用。新信息可以同化、顺应到这个结构中来，因此，有利于新知识的学习。概念图可以帮助教师和学生梳理分析大概念并梳理知识的结构。

（二）概念地图的制作

用美国学者研发的 Cmaptools 软件可以制作概念地图，这款软件可以从网站 http://cmap.ihmc.us 上免费获得。

下图是笔者从北京师范大学吴金闪老师那儿获知这个软件之后，在吴老师的指导下，根据他提供的图形使用上述软件绘制出的"什么是概念地图？"，可以帮助读者对概念地图有更多的了解。

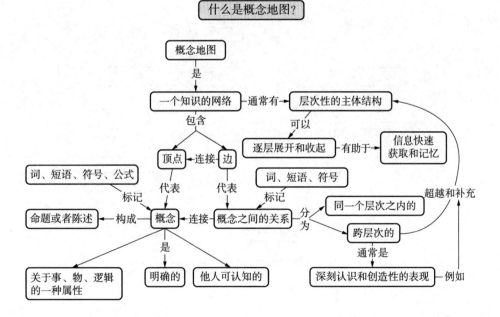

绘制概念地图的步骤[①]:

（1）确定已学内容中的概念。让学习者根据已学过的知识内容，利用关键词或关键概念，列出概念一览表。

（2）将概念符号排序。从最一般的、最广泛的概念开始排列，一直排列到最具体、最狭窄的概念。

（3）按金字塔结构，对所列的概念进行排列。一般的概念置于顶端，具体的概念按顺序放在较低的层次上。

（4）确定各概念之间的关系。在每一对概念间画一条线，并确定符号，表示两个概念的关系。随着认识的深化，学习者对概念之间的关系可能会有新的认识，所以线条可改动。

（5）找出概念图中不同部分概念之间的相互关系，在图上标出各种交叉的连接线。

（6）经过一段学习后，重新考虑和绘制概念图。"概念图主要特征的概念图"如下图所示[②]。

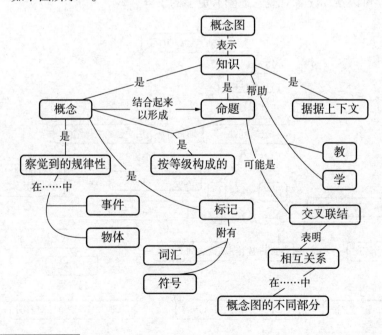

① 徐英俊，曲艺. 教学设计：原理与技术［M］. 北京：教育科学出版社，2011.

② 孙可平. 现代教学设计纲要［M］. 西安：陕西人民教育出版社，1998.

（三）概念地图的作用

概念地图的作用在于，它是一种视觉性呈现，它清晰地为学生呈现在整个单元学习到的核心概念，以及这些概念是如何与以前的知识相联系的。

在吴金闪老师的帮助下，我们对比了用普通的结构图与概念地图呈现初中物理知识框架图之光学部分知识的不同（如下两图所示）。

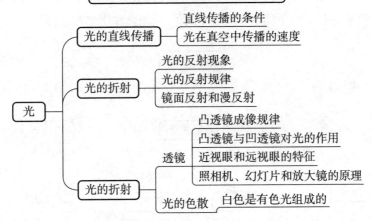

注：这是在教学资料里经常见到的结构图。

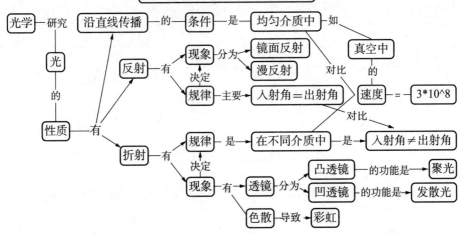

注：此图是由吴金闪老师绘制的。

两者对光学知识的结构的认识有着明显的不同。前者只是一种知识的平铺直叙，没有发现概念与概念之间的关联，知识仍然是零散与孤立的；后者力求寻找知识之间的关联是什么，知识之间有着怎样的转换关系，努力建立一种知识的结构，学习深度就不同了。

教学设计者通过开发流程图可以确定课堂进行的顺序。根据图形，可以判断学习者原有的认知结构的状态是完整的，还是有缺陷的。每个学习者掌握的知识水平不同，画出的概念地图就会具有明显的差异性，据此可以判定教学的起点。下图展示了"初中关于光合作用的概念图"。[①]

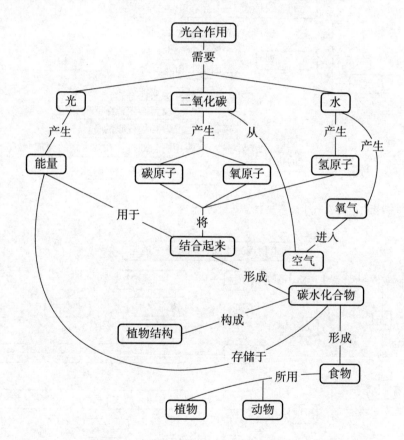

下面是一位美国的小学教师在进行单元教学时使用概念图的体会。

---

① 徐英俊，曲艺.教学设计：原理与技术［M］.北京：教育科学出版社，2011.

如何开始一个学习单元：概念图 [①]

以脑为导向的教学模式已经成为我开展一个单元的工具，无论是我写的还是我教的课程。当开始某个单元的起始段落时，我总是先画一张概念图。我先为自己画一张，用纸和铅笔，这样可以直接将我的思想演化过程诉诸笔端。一旦概念图完成，我就会用大的图表纸和彩色标记笔再画同样的概念图，在开始学习一个单元之前先呈现给我的学生看。这样可以让他们看到通过这个单元我们将要学习的方向，并把概念图和学习内容关联在一起。学生们不用猜测每天将在课堂上做什么，有一个清晰的概念图来指引他们。概念图将所有的知识结合在一起，一目了然。我建议把概念图贯穿于整个单元的学习，我的学生正是如此。在单元结束之时，我发给每一位学生一个小的概念图，让他们留存。我们把概念图的每一个部分都过一遍，并讨论我们是如何学习每个概念的。这些讨论结束时，学生们已经能自己联想起他们已完成的学习内容。因此，他们对于已经掌握的内容显示出更强的自信。

Amanda Kowalik

小学教师

下图是笔者绘制的"大概念内涵概念地图"，可对照本书第一章中对大概念的介绍进行理解。

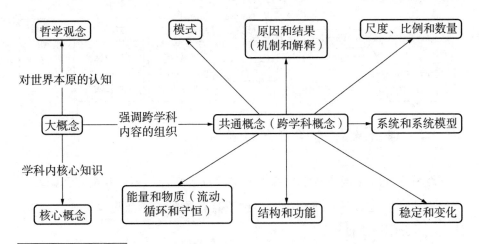

---

① 玛丽亚·哈迪曼.脑科学与课堂：以脑为导向的教学模式［M］.杨志，王培培，等，译.上海：华东师范大学出版社，2018.

下图是笔者与山东省泰山中学的高中物理特级教师吴强老师合作的"基于大概念的《功》的教学设计概念图"。

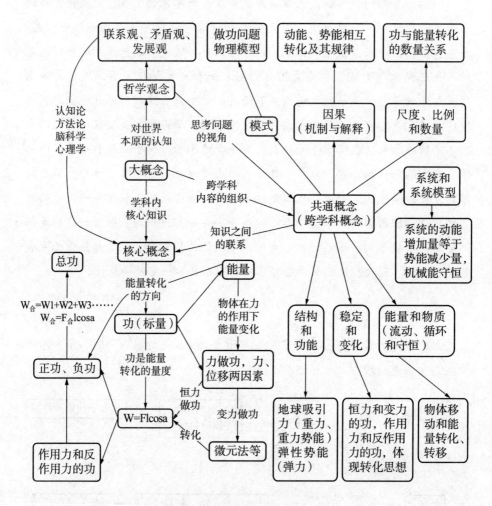

二、促进大概念学习的评价量规

教学评价应该围绕教学目标，确定评价的指标体系，并据此选择教学评价方式、制定教学评价标准。评价工具有测验卷、征答表、观察表等。这里重点介绍评价量规。

（一）研制评价量规的基本步骤

第一步：根据课程标准、教材等课程资源和学情确定教学评价内容。

第二步：确定需要进行评价的指标，指标分类应清晰、明确。

第三步：确定各评价指标的权重，有时也可以省略不写。

主要是对评价指标体系中的各项指标依据其主次关系确定权重。例如，把教学评价设计成果的形成性评价的一级指标分为四个方面，根据重要程度确定权重，这就是一级指标的权重，再依次确定二级指标的权重、三级指标的权重。

第四步：为所评价的各个指标进行定性描述或定量赋值。

定性标准是指用语言或字符作为标度的标准。标度是指衡量被评价对象的单位标准。标准可以用优、良、中、差或非常好、好、较好、不太好（待提高）等表示。定量标准是教学评价中最基本的标准，是指用数（或分数）作为标度的标准，如10分、8分、6分、4分等。

2017年版的普通高中各学科课程标准，研制了各学科学业质量等级标准，这是课程标准的一个创新，为考试评价提供了可资借鉴的依据。确定教学设计的评价标准时，可参考各学科课程标准和教材的要求。例如，《普通高中化学课程标准》（2017年版 2020年修订）把高中化学学业质量水平划分为四级。下面是一级学业质量水平的部分要求："能根据物质组成和性质对物质进行分类，形成物质是由元素组成和化学变化中元素不变的观点；能运用原子结构模型说明典型金属和非金属元素的性质；能对常见物质（包括简单的有机化合物）及其变化进行描述和符号表达；能认识离子反应和氧化还原反应的本质，能结合实例书写离子方程式和氧化还原反应化学方程式；能说明常见物质的性质与应用的关系。"

描述标准的语言尽可能具体、清晰，尤其针对低学段的学生，更应该努力让学生明白评价的具体要求。

确定标准时，可以先将最高指标描述出来，再将最低标准描述出来，然后把中间的部分分成不同的级别，参照两端的评价要求描述中间部分不同级别的要求，要注意有一定的区分度。

第五步：将初步拟定的评价量规征求意见。

征求意见的对象包括同事、学生、家长、专家等。

第六步：评价量规在使用中不断改进。

评价量规是在动态中不断改进的，在运用过程中根据反馈情况不断修正完善。

（二）评价量规的制作举例

评分量规作为表现性评价的评价工具，事先规定了学生所要达到的学习目标的标准，用来评价学生的表现或作品。评价量规是描述性的评分量表，列出了对某种任务的一系列评价标准，其目的是为了分析学生学习结果，包括学习作品和学习过程。作为一种评分工具，它是连接教学与评价的一个重要桥梁。特别是，评价量规能有效地评价学生能力、情感态度等方面的学习成果，而这些往往不能在传统的纸笔测验中体现出来。

评价量规具有评价要素、指标、权重、分级描述这几个基本构成要素，但并非必须，形式可以多种多样。"常用的评价量规的模板"[①] 如下表所示：

评价指标	指标权重（%）	优秀 4	良好 3	一般 2	需努力 1	自评	互评	师评	加分
评价指标 1		（反映任务完成最好时的行为特征）	（反映任务完成较好时的行为特征）	（反映任务完成一般时的行为特征）	（反映任务完成较差时的行为特征）				
评价指标 2		……	……	……	……				
评价指标 3		……	……	……	……				

---

① 张颖之，李秀菊，刘恩山. 评价量规——主动学习的评价工具 [J]. 生物学通报，2007（3）：40-42.

（1）评价指标，教师可以根据教学重点的不同为这些指标设计不同的权重；（2）测量等级，说明学生在任务完成中处于什么样的水平；（3）评价标准，说明每一个测量等级的行为特征。

下面是一个评价量规的简例：

1 分：能自主学习。

2 分：既能自主学生还能帮助别人。

3 分：在合作学习中有组织、带动作用。

如下是老师们备课时设计的，供学生学习初中语文文言文《狼》时嵌入使用的评价量规：

朗读环节（原设计）：

1. 能够读准字音 +1；

2. 语气读得到位 +2。

朗读环节（新设计）：

1. 能够读准字音 +1；

2. 语音语调正确得体 +1；

3. 语气读得到位 +2；

4. 能够听出别的同学朗读中的不足并加以纠正 +2。

评价量规是在动态中不断修正、发展的。也可以让学生参与评价量规的修改与设计。好的评价量规，对学生的学习来说是有力的学习支架。

在基于大概念的教学设计中，教师应根据学生学习的需要，随时设计合适的评价量规给学生使用。量规可以简单也可以复杂。

嵌入评价量规，是与教师的教和学生的学的活动同时发生的，将评价贯穿到教学活动的整个过程中，评价成为促进学习、推动学习的动力。高中历史"'晚清时期的内忧外患与救亡图存'学习主题的评价指南"就是一个不错的学习支架（如下表所示）。[①]

表现水平	学生的表现
水平非常高	1. 准确、全面地列出 1840 年至 20 世纪初外国列强侵华的五个主要史实和社会各阶级为挽救民族危亡抗争、探索的四个主要史实。 2. 能够从政治、经济、思想文化和社会生活等方面，辩证分析外国列强的侵华对中国社会的深远影响。 3. 说明晚清时期农民阶级、地主阶级和民族资产阶级等为挽救民族危亡抗争、探索的特点及意义和局限性。 4. 使用一系列具体和相关的历史资料说明相关问题。
水平高	1. 准确地列出 1840 年至 20 世纪初外国列强侵华的四个主要史实和社会各阶级为挽救民族危亡抗争、探索的三个主要史实。 2. 能够从政治、经济、思想文化和社会生活等方面，列举外国列强的侵华对中国社会的深远影响。 3. 说明晚清时期各阶级为挽救民族危亡抗争、探索的意义和局限性。 4. 使用具体和相关的历史资料说明相关问题。
水平满意	1. 准确地列出 1840 年至 20 世纪初外国列强侵华的三个主要史实和社会各阶级为挽救民族危亡抗争、探索的两个主要史实。 2. 对外国列强的侵华对中国社会的深远影响有一些理解。 3. 对晚清时期各阶级为挽救民族危亡抗争、探索的意义和局限性有一些理解。 4. 使用一些相关的历史资料说明相关问题。
正在进步	1. 列出有限的或者不准确的 1840 年到 20 世纪初外国列强侵华和社会各阶级为挽救民族危亡抗争、探索的主要史实。 2. 几乎没有意识到外国列强的侵华对中国社会的深远影响。 3. 几乎没有意识到晚清时期各阶级为挽救民族危亡抗争、探索的意义和局限性。 4. 使用不相关、不准确的历史资料说明相关问题。

在专题研究或单元学习开始之前提供量规，是给学生未来学习目标的"蓝图"。

量规可以是整体的，给学生由多个标准主观组合的总分，也可以是分

---

① 周维美. 基于目标的课堂教学评价设计的实践——以"晚清时期的内忧外患与救亡图存"为例 [J]. 中学历史教学，2019（4）：63–66.

析性的，明确指出在不同标准下得分的分配以及如何对不同的标准进行加权（如下表所示）。[①]

表现性评估活动
学习目标：理解地理环境特征怎样影响一个文明的文化信仰、政治、宗教和教育。 内容：给学生呈现主要的地理特征和早期文明的文化特征，然后以美索不达米亚为例，给学生展示这些特定的地理特征对文化的制约——知识、信仰、行为，以及政治、宗教、教育。 活动：引导学生运用他们所学到的关于文明运转形式的知识，创建自己的原始文明。确定在哪个地理区域可以发现文明以及该文明的各种特征——文化或信仰体系、政治、宗教、教育，然后描述为什么这种地理环境能够支持自己所描述的每个特征。
学生分级标准（整体性量规）
1. 内容：认识并详细说明一个文明的所有主要特征。 是否确定了一个地理区域及文明的四个特征（政治、宗教、教育、文化）？ 2. 批判性思维：合理解释为什么这种地理环境支持每一个特征。 你的解释是易懂且合乎逻辑的吗？也就是说，你所描述的特征在这种地理环境中是不是合理的？例如，一个游牧民族很可能没有农业女神。 3. 独创性：你的地理区域和特征与老师给出的例子以及其他组提出的相比怎么样？ 你的一组特征与老师描述的例子相比有什么不同？ 4. 延伸性：是否包含超出老师教授内容的新知识？ 你的文明是否反映了在本课堂上没有讲授的，你自身所掌握的或其他课程讲述的知识经验？

分级标准（分析性量规）

权重 分值	知识内容 ×1	批判性思维 ×1	独创性 ×2	延伸性 ×2
3分	精准确定了地理区域和文明的每一个特征：政府、宗教、教育和文化。	对于每一个特征出现在这个特定的地理环境中的原因提供了合理和深入的解释。	确定的地理区域和特征是独特的：它们与美索不达米亚的例子完全不同，并且和其他组所描述的大部分都不同。	你的文明反映了很多讲授之外的你的自身经验或从其他学科中获得的知识。

① 玛丽亚·哈迪曼. 脑科学与课堂：以脑为导向的教学模式［M］. 杨志，王培培，等，译. 上海：华东师范大学出版社，2018.

分级标准（分析性量规）				
权重 分值	知识内容 ×1	批判性思维 ×1	独创性 ×2	延伸性 ×2
2分	部分或大致地确定了（部分或全部的）地理区域和特征。	对于（部分或全部的）特征出现在这个特定的地理环境中的原因提供了合理但模糊的解释。	确定的一部分地理区域和特征是独有的：它们与美索不达米亚的例子及其他组所描述的有一些不同。	你的文明反映了一部分讲授之外的你的自身经验或从其他学科中获得的知识。
1分	确定的某些文明的特征的要素不完全。某些特征可能没有详细说明。	对于有些特征出现在这个特定的地理区域中的原因提供了似是而非的模糊的解释。	确定的地理区域和特征与美索不达米亚的例子绝大部分是相同的，大多数特征与教师在课堂上所描述的重合。	你的文明很少反映讲授之外的你的自身经验或从其他学科中获得的知识。

　　笔者在北京十一学校学习史建筑、刘丽云、张珊、周锐、石昭慧等老师组成的教学与学习研究团队的研究时，观摩了单元学习工具的设计过程。下表所示是该团队在《论语》的单元整体学习中设计的一个学习工具——"观点拆分工具"[①]。

拆分法	举例	难度等级 ☆基础 ☆☆必须 ☆☆☆挑战
关键词领域拆解法 （找到观点中最核心的字或词，将其按涵盖的不同领域分解）	例：学礼以立政治规矩。 拆分"学礼"：学哪些"礼"可以立政治规矩？比如可以将"礼"分为"道德礼仪"和"法制法规"。	☆☆

---

① 史建筑.语文单元学习现场［M］.北京：教育科学出版社，2020.

拆分法	举例	难度等级 ☆基础 ☆☆必须 ☆☆☆挑战
中心论点扩展法 （以明确提炼的论点为中心向外逐步逐层扩展，形成逻辑涟漪）	例：中心论点为"适度的压力是催人奋进的动力"。对其中的"适度"进行分析：丝毫没有不叫适度，超过人们能承受的限度不叫适度。于是，可以设置三个分论点：没有压力让人懈怠；压力过大将人压垮；压力适当催人奋进。	☆☆
设问归因法 （在观点中添加一个设问，在寻找到的不同的原因中分解观点，或按不同对象分，或按不同侧面分）	例1：孔子为何主张仁政？ 拆分"仁政"的对象归因： 仁政帮助普通人树立正确的三观； 仁政帮助为政者端正自我品行； 仁政为怀揣政治理想但暂无官职的人提供了施展抱负的机会。 例2：为什么对于成人而言，再忙也应该多读书？ 首先，读书可以使忙碌的成人放松。 其次，成人多读书，可以引导孩子也爱上阅读。 再次，成人读书有助于改善社会风气。	☆☆
概念内涵解析法 （从观点中涉及的概念入手，按概念的一般构成要素进行拆解）	例：孔子的教育理念。 拆分"教育理念"的一般构成要素： 教育的目的、教育的内容、教育的方法、教育的意义。	☆☆☆
WWH 顺序梳理法 [将观点进行拆分，依what（是什么）、why（为什么）、how（怎么做）的顺序进行梳理]	例：孔子对"仁"的解释。 （仁的含义及表达方法） 拆分观点： ①仁是不计回报的奉献； ②仁是精神上的自我满足； ③仁是日常的礼仪。	☆
层次纵深法 （围绕一个观点进行逻辑自洽的纵深切入，比如层次级别、程度表现等）	例：问——打开真理之门。 ①好问，就是对一切的未知、一切的疑惑都有一种好奇心与探究欲，是问的基础； ②敢问，就是敢于向权威、规则挑战，以求真知，是问的发展； ③会问，才能真正发现真理，是问的目的。	☆☆

拆分法	举例	难度等级 ☆基础 ☆☆必须 ☆☆☆挑战
核心概念多面体法 （围绕论点中的核心概念进行维度拆分，构成一个完整阐释的多面体） *进阶：阐释合理、有结构之美	例：对"德行"进行多维度拆分。 观点：有德行，则有得有形。 ①信，则得信而言有形。 ②忠，则得敬而行有形。 ③仁，则得富而为有形。 ④义，则得友而威有形。	☆☆ ☆☆☆
源头追溯法 （按照核心概念产生与发展的过程进行拆分：原因、本质、作用/影响、意义/价值）	例： 仁的观念产生的原因； 仁的观念的本质； 仁的观念出现后的作用/影响； 仁的观念的意义和价值。	☆☆☆
对比法 （按照从内/外、自我/他人、正面/反面等对立或可比照的角度进行拆分）	例：君子如何对自己，如何对他人。	☆☆
时空坐标法 （未来目标、目前状态、历史源流/空间转换、意义流变）	例： 教育发展的未来目标； 教育目前面对的对象，呈现状态与采用的方法，拥有的理念； 教育的历史。	☆☆☆
影响力范围设置法 （从影响力的波及面或范围大小进行拆解：个人、集体、社会）	例1：君子概念的抽象理解，君子概念的形象展示；君子在物质方面的准备，在精神品格方面的准备。 例2：仁的观念的影响可拆分为在政治、经济、文化、科技、军事、教育等方面的影响。	☆☆☆
以下来自学生的创造		
步步为营流程法 （将拆分观点的过程步骤化，巧借他人的观点形成分论点）	整理他人的观点—确定我的观点—筛选和我的观点相关的他人观点—按某个标准分类—借用或改造他人观点，形成我的分论点。	☆

拆分法	举例	难度等级 ☆基础 ☆☆必须 ☆☆☆挑战
思维可视化法 （先发散再归类，给不同的类添加陈述性短句，构成分论点）	围绕主题进行： 发散思考—记录—梳理—分类—形成分论点—验证。	☆☆
暂时借用法 （把文本中与自己想表达观点较为接近的原句作为内核，建立有关联的分解论点）	习礼乐是塑造君子的方式和基础： ①学习礼乐是成为君子的必修课； ②知礼是成就君子的内在基础； ③演习礼乐是塑造君子的外在方式； ④好礼是炼成君子的内在修养。	☆☆

这个学习工具是如何诞生的？它的作用又如何呢？

《论语》这个单元整体学习项目，建议的教学对象是初三、高一、高二年级的学生。当时我所见的参与学习的学生是直升高一的学生，相当于九年级学生。

学习工具的设计要瞄准学习的重难点，出现在学生学习有困惑、感觉学习有困难的时候。学习工具与学习目标、核心问题、核心任务紧密相关。在《论语》单元整体学习中，第一个学习目标是：能够基于对傅佩荣、李零、鲍鹏山等人对《论语》的解读，形成自己对《论语》主要思想的理解。核心问题是：《论语》的思想为什么言说不尽？核心任务是：组装我的《论语》思想盒子。

学生通过阅读推荐书籍、论文，形成自己所理解的《论语》思想的架构体系。尽管教师已经给学生设计了这一任务的学习量规，但学生在学习过程中，遇到的困难还是明显的。比如：有的学生根据阅读思考选择了"《论语》中的教育思想"进行阐释解读，也就是组装思想盒子。"《论语》中的教育思想"是一个大的观点，在解读时需要把这个观点拆分成小观点，然后逐一阐释。学生在把这个观点进行拆分时，出现了主次不分、重复杂糅、以偏概全、层次不清等问题，这时急需老师的指导、帮助。老师不可直接告诉学生"《论语》中的教育思想"应该如何分类阐释，而是要启发学生自主解决问题，为学生设计学习工具是引领学生完成核心任务的重要方法，于是"观点拆分工具"应运而生了。

可以看出，史建筑老师率领的研究团队研发出的"观点拆分工具"，调动了老师们大量的知识储备与智力思考，是一个创造性的优质产品。工具中既给出了思维方法，还给出了示例辅助学生理解，而且还有难度等级让学生可以根据自己的情况个性化学习。最可贵的是，学生们学习中遇到困难时，并不是坐等老师伸出援手，而是自己思考破解难题的方法，主动归纳梳理了自己的观点拆分工具，有的学生甚至认为自己总结的比老师的还要好用。这个学习工具具有开放性，即使学生学完了的本单元学习，仍然可以不断修改与完善，成为学习过程中持久理解的内容，具有"观点拆分的大概念"的作用。

对一个单元整体学习来说，开放性越强，需要研发的学习工具就越丰富。在《论语》单元整体学习中，老师们研发的学习工具种类很多，包括《论语》单元学习量规、自主阅读质量评估模型、阅读文献工具、结构思维工具、思维导图工具、观点拆分工具、直接阐释工具、整体调试工具、持续理解日志工具等。当然，并不是学习工具越多越好，而是视学生的学习需要而定。

笔者置身课程改革现场，亲眼目睹了学生们在单元整体学习中利用一系列学习工具，成功获取学习成果的过程。在全校性的路演汇报中，我听到不少同学能滔滔不绝地脱稿演讲自己对《论语》中有关思想的理解。有的演讲时长达 30 多分钟，有理有据，底气十足。

我们在课题研究过程中，尽管给老师们讲解了优秀评价量规的制作过程、样例与评价要求，但是在现实的教学改革中，学习工具的研发依然是老师们面临的一个难题。破解这个难题的方法是不断提升教师自身的学科素养，只有教师自己对所教学科有着透彻的理解，才可能引导学生揭示学科本质，体验学科自身的魅力。

评价量规的主要指标应该与学习目标紧密结合，尤其要指向学习重难点，这是评价量规制作中的关键环节。例如，笔者在指导学生宋梦飞参加 2021 年山东省师范类高校学生从业技能大赛时，就是有效使用了评价量规，助力学生获得了一等奖的好成绩。本次大赛给出的固定参赛题目是《我的伯父鲁迅先生》。这篇课文是通过对典型事件的描写来刻画人物形象的，这也是本课教学的重难点所在。因此，教师的教学要瞄准让学生学习典型事例的特征，学会选取典型事件，在习作中会用。笔者设计了下面的"描写人物的典型事例评价量规"，此评价量规不仅适用于本课，而是可持续理解，长期使用。

典型事例的特征	得分（每项 3 颗星）
合适，能很好地表现人物的特点、个性	
有情趣，把人物性格表现得丰富、有内涵	
触发情感，印象深刻，令人难忘	
捕捉细节，注重语言、动作、神态描写	
结构合理，安排有序，过渡自然	
总得分（共计 15 颗星）	

建议研发评价量规时，细细考虑下面"设计评价量规"的评价量规里面的每一项内容，以保障所设计评价量规的质量。

（三）"设计评价量规"的评价量规[①]

一个评价量规设计得是否科学、合理，可以通过"设计评价量规"的评价量规（如下表所示）进行检测。

评价指标		典型（4～5分）	发展（2～3分）	起步（0～1分）	自评
指标	指向	评价指标与课程目标一致，能够完全涵盖课程的重要内容	评价指标与课程目标一致，涵盖课程的部分重要内容	评价指标几乎没有涵盖课程的重要内容	
	数目	指标数目适当，清晰明了，容易理解	指标数目有点复杂，较难理解	指标数目太少或太多	
	重叠	指标之间相互没有交叉	指标之间有少部分交叉	指标之间多数有交叉	

---

① 张颖之，李秀菊，刘恩山. 评价量规——主动学习的评价工具 [J]. 生物学通报，2007（3）：40-42.

评价指标		典型（4～5分）	发展（2～3分）	起步（0～1分）	自评
等级	数目	等级水平数目划分合理可行	等级划分过粗或过细	几乎没有等级划分	
	语言	等级语言描述多用鼓励性语言，没有负面言辞	等级语言描述为中性平实语言	等级语言描述有负面言辞	
评价标准	语言	用明晰的术语表达，多用行为动词，可具体操作，学生、家长、同事等都容易理解，尽量避免使用负面言辞	语言较明晰具体，较容易理解	语言模糊抽象	
	区分度	所有指标不同等级之间都能够通过评价标准准确区分开	有些指标的相邻等级之间不易区分	大部分指标的不同等级均不易区分	
	难度	全面考察学生的实际情况，所有指标的标准难易适当，一般学生都能够避免最低等级，学生经过努力后能够达到最高等级	小部分指标的标准超出学生实际能力或违背学生实际情况	大部分指标的标准与学生实际情况不符，太难或太易	
	内容	内容客观公正无偏见，信效度强，可以给学生家长和其他教师使用	内容客观公正无偏见	内容客观公正性欠缺	
发展		根据家长、同事、专家等的反馈意见调整修订量规	有家长、同事、专家等的反馈意见	没有家长、同事、专家等的反馈意见	
		有学生参与并反馈，在实践中不断调整修订量规	有学生参与	没有学生参与	

三、促进深度学习的思维工具

学生的深度学习有赖于思维水平的提升，大家比较熟悉的思维方法有系统思维、辩证思维、逻辑思维、批判性思维、逆向思维、发散思维、灵感思维等。思维导图是老师们经常使用的思维工具。这里再给大家介绍一个比较好用的思维工具：焦点讨论法。这是加拿大文化事业学会（ICA）开发的一种借助有效提问推动深入思考、增进有意义学习及增强团队沟通的讨论方法。

焦点讨论法在四个层面提问[①]：

（1）客观性层面：关于事实、外部现实或印象的问题。

（2）反应性层面：唤起个人对信息反应的问题。这种反应包括内部回应，情绪或感受，与事实相关的隐藏意象或联想。每当我们面对某一外部现实（客观性层面的信息）时都会体验到某种内部反应。

（3）诠释性层面：挖掘意义、价值、重要性、含义的问题。

（4）决定性层面：引发解决方案、结束讨论、促进个人或团体就未来做出某一决定的问题。

客观性层面是学生能够体验到的、看到的、听到的、摸到的、闻到的等。反应性层面是学生凭借想象可以获知的。诠释性层面引导学生思考现象背后的东西。决定性层面指向学生的判断，以及下一步如何去做。这个思维工具，有利于培养学生的学习能力，使学生有效地完成学习任务。比如在学生看图作文的学习中，可以引导学生回答如下四个问题以完成作文写作。

（1）你在图画中看到了什么？

（2）你对图画中最感兴趣的部分是什么？

（3）你认为这张图画阐述了什么样的道理？引起的你的思考是什么？

（4）受这幅图的启发，你会有怎样的行动？或者你想劝说别人要有怎样的行动？

[①] 乔·尼尔森.关键在问——焦点讨论法在学校中的运用［M］.屠彬，译.北京：教育科学出版社，2016.

四、学习进阶与基于大概念的学习

学习进阶是对学生在一个时间跨度内学习和探究某一主题时，依次前进、逐级深化的思维方式的描述。

学习进阶是国外科学教育研究领域在数十年来的概念研究成果基础上提出来的。学习进阶的起点是学生的前认知，终点是期望达到的教学目标，描述的是从起点到终点的中间发展阶段。

学习进阶与大概念的关系可以描述如下：大概念及对大概念的析解是学习进阶的必备要素［克拉奇克（Krajcik），2013］。因此，在基于大概念的教学设计中，学习进阶是呈现学生学习过程与水平的一种方式。以小学数学为例，学生只有先学会了十以内的加减法，才能进阶学习二十以内的加减法，百以内的加减法，千以内的加减法……也就是学生的学习是有阶梯与顺序的。新知识往往是在旧有知识的基础上生长出来的。然而，随着学习的深入，学生学习的内容不像小学数学中的加减法这么简单直观，知识的层级在教材中的呈现也并不直观。这就需要教师去基于大概念发现所要学习知识内容的"阶"，然后再根据知识的层级设置合适的学习目标、核心问题、驱动式任务以及嵌入式评价。以大概念为核心，有助于学生链接其他相关小概念，整合多个概念，构成概念体系。学习进阶有利于刻画学生的思维发展路径，竭力使学生的思维可视化，帮助学生更好地持久理解大概念，并迁移解决其他方面的问题。学习进阶有助于大概念学习以及其他概念、知识的学习路径科学化。学习路径的获得依赖于评估与证据，要努力使学生的思维过程可见，通过反馈手段督查学习过程是不是与学生的身心发展规律、学习材料的逻辑规律相吻合，并适时地进行调整。因此，学习进阶与基于大概念的学习是一种相辅相成的关系，这两者之间是相互促进的。

第七章
脑科学与大概念教学及教育的关系

    随着人工智能在科技创新领域的重要性日益凸显，与之紧密相关的脑科学也迎来了令人鼓舞的研究热潮。在《国家中长期科学和技术发展规划纲要（2006—2020 年）》中，"脑科学与认知科学"被列为我国科技中长期发展规划的八大前沿科学领域之一。"脑科学和类脑研究"（中国脑科学计划）被列入"十三五"国家科技创新规划，作为面向 2030 的重大科技项目。我国将脑科学研究作为国家发展的一项战略任务，并将脑科学与教育紧密结合，进行面向教育理论和实践的应用研究。以认知神经科学为基础，研究人在各个不同发展阶段的身心发展规律，并对传统教育的各个方面进行再认识，探索更加完善的教育体系和教育方法。

    儿童青少年的脑智提升是教育发展领域的工作核心，对于国家可持续发展具有重大战略意义。人脑影像技术可为儿童青少年脑智提升的客观监测和教育效果评估等提供科学辅助。国际上使用人脑影像技术针对儿童脑智发育规律的研究暨脑智发育影像学早在上世纪 90 年代初就已开展，当前已尝试将相关成果积累应用于指导教育政策制定和一线课程教学改革实践。中国科学院心理研究所的"彩巢计划"队列研究已经取得阶段性成果。脑智发育规律全国常模的建立将为教育教学提供精细化和个体化指导，从而有助于解决当前教育教学过程中面临的一些挑战。[①]

    2019 年年底，笔者所在单位设立了"心理学与认知神经科学研究所"，特

---

① 左西年，等.脑智科学研究的最新进展与实践应用［J］.中小学管理，2018（5）：5-9.

聘北京师范大学心理学部部长罗跃嘉教授出任该研究所所长。这表明了我校领导对脑科学研究的高度重视，坚信脑科学研究必将对教育研究以及基于大概念的教学研究产生深远影响。

一、脑科学提供了基于大概念的教学理论基础

从未来发展的前景看，神经科学、心理学与教育学方面的知识成果需要相互转化，其交叉形成的神经教育学（或教育神经科学）是实现这种转化的重要平台；另一方面，神经教育学（或教育神经科学）也需要通过教育实践工作者深入到教育实际以实现成果的及时转化。这些方面的转化包含着与基于大概念的教学千丝万缕的联系，基于大概念的教学研究也必然会与神经教育学（或教育神经科学）建立更为密切的联系，从而为教育做出更多贡献。

（一）神经科学与基于大概念的教学研究旨趣一致

神经教育学（或教育神经科学）与基于大概念的教学研究，虽然前者较为宏观，后者较为微观，但是，两者的研究旨趣与目的是非常一致的。有关脑科学的研究，可以观察到人类大脑的学习和思考过程，以及如何产生情绪、情感、行为，它们在教育教学中的应用体现为教师的课堂教学能对学生大脑的结构与功能发挥重要的可塑性。因此，认知神经科学等关于脑的知识可以提高教师的教学质量与学生的学习质量。也就是说，关于脑科学的新知识可以改进教育实践，基于大概念的教学研究的目的也是改进教育实践。

脑科学研究为基于大概念的教学研究提供了更为丰富的理论基础，有助于改进基于大概念的教学。脑科学对教学设计的某些建议与基于大概念的教学思想有许多相通之处。比如，脑科学关于人类的长时记忆的研究：如果学生为了应付考试，只是短时记住一些知识，那么，时间稍微一长，这些知识就被学生忘记了。精细复述比死记硬背更有助于形成长时记忆，学生对信息的加工越充分，形成的神经联结就越多，记忆巩固的效果就越

好。基于大概念的教学，就是要让学生注意寻找和利用知识之间的联结开展学习活动，充分调动学生的情感、动作、思维等多方面技能，对学习内容进行深度思考，产生有意义的联系，以有利于形成深度学习。在脑科学研究中，虽然人的左脑和右脑都各自拥有自己的特性，但两个脑半球一直处于协同工作的状态。无论进入左脑还是右脑的信息都可以很快被左右脑使用，也就是说，人的左脑和右脑时时刻刻有着紧密的协调与配合。这反映在基于大概念的教学中，就是注意知识的结构与联结。新知与旧知之间、部分与整体之间都存在着密切的联系，不要让学生只学习碎片化的知识，而是要让学生建立起知识的框架与逻辑关系图。采取单元整体学习方式，可帮助学生建立知识的网络，创设合适的情境激发学生的学习兴趣，让学生开展一定的活动，进行积极的情感投入，创设友好、积极的氛围。多巴胺作为一种神经递质，可以增强学生成功后的快乐体验，激发更强的学习动机，因此我们要充分发挥多巴胺奖励效应的作用。

（二）基于大概念的教学顺应了脑科学研究成果

根据杰伊·麦克泰格等人的研究，大脑有寻求快乐与寻求模式的趋势，而在基于大概念的教学中，可以体现这两种需求。

杏仁核附近有伏隔核，伏隔核会向前额皮层区域释放多巴胺流，产生积极情绪，会强化相应的神经记忆网络。

首先，基于大概念的教学是目标导向的，注重学习成果的生成。这使得大脑有明确的目标，迫使学习者精力集中，搜索与目标相关的各种信息，信息来自各种感觉系统，如听觉、视觉、味觉、触觉、嗅觉等，同时，还来自感觉神经末梢，如肌肉、关节、内部器官等。大脑在信息加工过程中要消耗大量的能量，以吸收与处理信息。

其次，基于大概念的教学中的核心问题与自带动力的任务对大脑构成了挑战。在脑后下部有一个"感觉摄入过滤器"，称为"网状激活系统"，这一系统会优先接收新的、不同的、有变化的和意想不到的信息。这些有着足够新奇性的信息会激活大脑的多巴胺奖励系统，吸引学生的注意力，激发学生解决问题的动机。

再次，大概念需要持续理解，不断强化，建立比较上位的抽象概念。人脑有一定的认知结构，新的知识通过同化与顺应，不断进入到大脑的认知结构中，从而形成更完善的认知体系。这种持之以恒的反馈过程会促进前额皮层的活动，不断体验理解之后带来的快乐感，形成良性循环，从而更加努力地会获得这种深入感悟与理解。

最后，基于大概念的教学的学习机制是高通路迁移，是从具体进行抽象然后再应用于具体的过程。这是在不断地加强神经网络，形成神经可塑性反应。神经网络在人的一生中都可以不断地增长与扩展。每一个有意义的信息进入人脑之后，都会激活神经元之间的电信号，形成神经回路，使神经回路进一步加强和优化。神经元之间的连接越多，活跃度就会越高，反应速度就会越快，接收与处理信息的能力也会随之增强。上升到大概念的学习，更有利于学生编织起属于自己的概念网络，使得一些零散的知识能够被统帅与链接起来，形成易于持续理解与长时记忆的知识网络。

二、脑科学与基于大概念的教学的相互促进

（一）脑科学研究成果在基于大概念的教学中的应用

当大脑的研究成果真正进入教师的教学设计与学生的学习过程之中时，才真正体现了实验室研究的价值与意义。因此，教育者要注意学习关于脑科学的知识，以便把最新的研究成果运用到课堂教学中。教师了解大脑学习与记忆的运作机制，学习情绪、环境等因素对大脑产生的影响，了解大脑的认知功能、情绪功能，根据脑科学设计教学，再结合基于大概念的教学理念，就会更符合学生大脑的发展与使用规律，这就从根本上优化了教学设计。

知识不仅仅是一系列事实和公式的累积，更应该围绕着大概念被组织在一起，给学生展示整体图景，让学生去揣摩新知识与旧知识的联系，引导学生深入思考，最终形成整体思维，让学生学习结构化的知识。这既是脑科学的研究成果，也是基于大概念的教学所倡导的教育理念。脑科学认

为，只有学生自己获得加工的经验，学习才是有效的。随着学习内容的增加，脑可以将原先孤立的知识框架融合为一个新的框架，其中的关键要素便是联结。当学习者找到从一种知识点中过渡到另一种知识点或两种知识点首尾呼应的桥梁时，我们就说学习产生了联结。比如复习初中电学知识时，选两个学生分别录制一段通过一个电流表和一个电压表这两个实验器材可以做什么实验的微课，然后利用这段视频让学生以自我回忆、同伴交流、小组分享的方式判断视频的归纳是否正确，这样就可以把电学知识以不同的方式联结起来，并在课堂教学中渗透电功、电功率的知识，让学生将已有的知识进行重构，产生有意义的学习。[1]

基于协同学的脑科学机制研究与发展学生的核心素养具有一致性，这是因为协同学视域下的脑科学机制研究的许多概念与核心素养理论具有相容性，能够较好地解释发展学生核心素养的内在机制，比如控制变量、状态变量、序参量、临界涨落、临界慢化、自组织、突变核、微扰等概念。因此，结合基础教育教学的过程，深入研究学生学习过程中的脑协同机制，寻找与学习相关的脑协同规律，使学生的大脑从被组织系统向自组织系统转变，对于提升我国基础教育教学质量，无疑具有重要的价值与意义。[2] 这一研究成果对基于大概念的教学研究具有重要启示作用。

正电子发射型计算机断层显像扫描显示，来自大脑感受器区域的信息只有通过杏仁核才能进入海马体，然后通过海马体进入额叶，在这里，信息被加工，并被储存进入长时记忆。扫描还证明，如果杏仁核受到压力，过度刺激就会引起过量的代谢反应，通往存储记忆的通路将会堵塞，负责推理和长时记忆的代谢活动将受到影响。换而言之，如果边缘系统尤其是杏仁核受到过度刺激，产生压力，神经代谢活动就会出现异常，新记忆就不能通过杏仁核进入记忆存储和推理中枢。以上研究所呈现的就是情感过滤的可视化——情感过滤是学生对信息加工、学习和存储未能作出回应时

---

① 黄海勇.基于脑科学的初中物理复习课教学实践［J］.当代教研论丛，2018（1）：77.

② 邢红军，童大振，龚文慧.脑科学与教育研究：还原论或整体论［J］.中国教育科学，2019（3）：85-92.

所处的一种有压力的情绪状态。

因此，课堂要尽量避免过度刺激杏仁核，保持适中的学习难度和挑战，以此激发学生的好奇心和参与度，把杏仁核调适到理想的活动状态，提高信息进入记忆存储区域的速度和效率。只有在情绪因素和智力因素之间找到平衡点，结合兴趣和好奇心，课堂才能有效促进学生对学习材料的理解和联系。当学生的初始疑问和开放性问题进入了存储通道，他们就会参与高水平的信息加工，积极参与、充满自信地成为思想开放的学习者。教师要提供学习指导，以便帮助学生打开感官数据通过的大门（杏仁核或情感过滤器），使信息顺利安全地通过杏仁核，将学生理解和教师指导连接起来，进入长时记忆存储空间，最后形成长时记忆。[①] 基于大概念的教学中，自带动力的核心任务的设计就是要找到学生学习的最近发展区，以便产生我们期待的学习效果。

脑科学研究成果在基于大概念的教学中的应用非常丰富和广泛，如脑科学研究的最新成果推动着教育观的转变。大脑的逐渐成熟是一个人的遗传特征与外部经验交互作用的结果。这一成果使我们加深了对教育开发人的潜能作用巨大的认识。将脑科学的知识应用于教学之中是很诱人的，这有待于教育实践工作者进一步的开发和利用。

（二）基于大概念的教学有待于脑科学深入研究与论证

从本书中涉及的基于大概念的教学的案例可以看到，基于大概念的教学会使问题与生活联系得更密切，会给学生更多的新奇刺激与挑战性。在基于大概念的教学研究中，我们主张逆向教学设计，使学习目标、学习内容与学生产生情感联结，设计一定的学习活动，比如游戏、比赛、表演等，使学生成为故事的一部分，而不是仅仅是一个被动的观众。要让学生感到愉快，高度重视学生情感的发展，这对激发学生的学习动机、培育情绪与内容的连结都是很重要的。设计单元教学时，首先要做的就是确定大概念、

[①] 威利斯. 点燃学生的学习热情——基于脑科学的教学策略 [M]. 吕红日，汤雪平，译. 北京：中国轻工业出版社，2016（3）.

核心学习内容，这种教学技能非常重要，有助于学生持续地、长期地学习。

以上仅举出了一部分基于大概念的教学的观点，其中有的已经得到了脑科学研究成果的印证，比如情感教学部分，有的则尚未得到有力的实验证明，有的正在科学论证的过程之中。例如，在基于大概念的教学研究中，我们认为当教师为学生设计优质的核心任务，不仅是让学生掌握学习内容，更重要的是使学生能够创造性地运用知识解决问题时，教学效果会更好，学生不是仅学习表层的知识，而是从低阶思维走向了高阶思维，这是培养学生创造性的有效措施，会促进学生核心素养的发展。值得高兴的是，认知神经科学也开始探讨相较于传统的依赖死记硬背的学习，当人们更多地参与到创造性、自主性的活动中时，大脑信息加工的过程会发生怎样的变化。

根据教育学、心理学等知识，结合教师的实际教学，我们课题组已经在基于大概念的教学方面逐渐摸索出了一定的经验，积累了一定的案例。正如袁振国教授所说："到目前为止所有关于教育规律的认识大都是经验性的原则性的，还没有达到科学的层次，比如'因材施教''循序渐进''把握关键期''激发潜能''学思结合''手脑并用''有爱才有教育'等，都有赖于脑科学的深入研究，从而达到精细和精确的程度。"

基于大概念的教学理念是否精细与精确同样依赖于脑科学研究的进一步证明。同时，脑科学的研究成果，哪些方面可以应用于大概念教学设计优化也有待于进一步深入探讨。

教育心理学、神经心理学和教育神经科学的不断构建与发展，使得教育由跨学科和多学科走向超学科形态。超学科是不同学科的学者和利益相关者协同工作去解决生活世界问题的尝试，既不是多学科的个人知识总和，也不是跨学科里已有学科的交叉部分，而是把来自多种学科的知识整合而成一个超越性的学科新形态，建构起一种新范式，打通不同学科间的知识壁垒。神经教育学具有跨学科与超学科的特点，这一点与基于大概念的教学也有许多相似之处。

伴随着直接研究人脑的科学手段的普及，脑科学研究成果应用于教育领域更加现实可行。学习、发展是一件复杂的事情，大脑不是孤立的存在，它与身体、心灵都是影响学习、成长的因素。人既具有生物性，又具有社会性。研究人脑是如何开展工作的，不能与人的身体、心灵相分离。既不能过于夸大脑科学对学生发展的作用，也不能无视它的价值与意义。教育科学应与脑科学联手，促进教育是对全人的教育。

三、脑科学研究与教育发展的关系

认知神经科学是认知科学与神经科学相融合而产生的交叉学科，认知神经科学又与教育学相融合产生了新的交叉学科——神经教育学（或教育神经科学），这门学科在研究大脑认知的基础上，从大脑的生理结构出发，有效地保护、开发大脑，提高大脑的学习效率，优化大脑学习。

（一）脑科学为全面认识学习提供了新视角

20世纪50年代，神经科学家麦克莱恩（Maclean）提出了"三脑一体"模型，即根据解剖生理学和脑部功能的不同，将脑分为三个部分：①认知脑，指大脑皮层，主要负责所有的高级思维功能，包括阅读、计划、分析、决定等；②情绪脑，指大脑的边缘系统，主要参与情绪调节；③行为脑，包括脑干、小脑和基底核，主要控制人的行为。三者的功能既相对独立，又协同一致，共同承担着大脑复杂的认知任务。"三脑一体"模型归纳了人类特定行为与特定脑结构之间的联系，为全面认识学习提供了一个全新的视角。[①]

脑科学研究与现实课程教学的连接需要神经科学家与教育专家、一线教师的密切合作，目前，虽然很少看到运用神经科学直接证明某种特定课堂教学策略有效的案例，但是，不可否认的是，从神经科学获得的研究成果毫无疑问能够为教育研究提供更为广阔的知识背景和科学依据。例如，关于人脑加工语言的最新研究可以用于语言教学。大脑具有发展性与可塑性，适合于人的终身，这为教育实践与教育决策提供了可以借鉴的研究成

---

① 施普伦格.脑的学习与记忆［M］.北京师范大学"认知神经科学与学习"国家重点实验室脑科学与教育应用研究中心，译.北京：中国轻工业出版社，2005.

果。一方面，脑科学的研究成果往往从实验科学的角度验证着经验，这可以让教师明白常规做法的科学基础；另一方面，脑科学开辟了一些教学未知的领域，促进教师在教学改革方面不断创新与提升。

（二）脑科学研究有助于探索人类学习的内在机制

随着生物科学和神经影像技术的发展，脑科学研究获得了前所未有的进展。脑科学研究认为，学习本质上是建立新的神经元连接群，每一次的学习活动，都伴随着神经元联结群的修剪和增加。认知神经科学研究以及脑成像技术的不断更新，帮助我们超越经验层面，更精准、更深入地探索人类学习的内在机制。

例如，对"迁移"的研究已经有很长的一段历史了。许多的课堂研究证实了前知识对新学习内容所产生的效应——常常称之为正迁移或负迁移。当我们理解了这一概念的神经学基础的时候，我们的理解就加深了。信息在脑中不是只储存在某一特殊的位置上，而是存在于各种不同的部位中——视觉、听觉和运动皮层，并且通过神经元的回路和网络连接起来。当我们经历了一些新的事情，脑就"搜索"适合新信息的已有网络。如果非常符合的话，以前所学所存储的信息就对新信息赋予了意义，我们就实现了正迁移。如果新信息在某些方面相似却又不完全符合的话，负迁移就会发生。这一过程，无论是教育学研究者还是神经科学家来解释，原理都是相同的；但是，如果知道了正负迁移会发生，而且更好地理解了其发生的原因，这些额外的信息增加了知识基础，便可以使教师清楚地向学生解释为什么特定的活动和策略能够有效地促进学生对所学概念的理解。[①]

（三）脑科学研究深刻影响课程与教学发展

很多学科的研究成果，包括从心理学和遗传学到神经科学和工程学，已经汇聚起来影响到课程和政策的制定。例如，神经科学家经过深入研究，

---

① 沃尔夫.脑的功能：将研究结果应用于课堂实践［M］.北京师范大学"认知神经科学与学习"国家重点实验室脑科学与教育应用研究中心，译.北京：中国轻工业出版社，2005.

知道了很多关于注意、压力、记忆、练习、睡眠和音乐等的知识，这些知识能够很容易地转换到课堂教学中。一些教育家已经或正在开始利用这些有价值的成果。例如，美国约翰霍普金斯大学教育学院已经发起了神经教育学的倡议，强调专业发展、研究、交流和超越的重要性。此外，研究机构正在开创新的神经教育伙伴关系。哈佛大学教育学院的费切尔（Fischer）提出"可用的知识"在研究与实践之间架起桥梁。他的目标是培养研究骨干，使其能够把生物学和认知科学的知识与教育学课程结合起来。

纽约大学的布拉贝克（Brabeck）认为，在这个正在发展的新领域，教育者和研究者之间的互补关系正在形成。教育者必须把研究结果从实验室拿出来，并把他们运用到课堂教学之中；研究者必须提取他们的结果为教育服务，而教育实践的改变必须再次反馈给科学家。如此循环往复，其目的就是为了搞清楚到底什么是有用的，什么是没有用的。她还身体力行地致力于把实验室研究转移到课堂教学实践中，她认为这个鸿沟就好比健康研究者和医务工作者之间的关系一样。她说教育就好比医学，重要的知识通常在研究者那里，作为教师和父母这样的实践工作者却很难接近。[①]

2011年，英国皇家学会发布名为《脑科学浪潮2：神经科学对教育和终身学习的启示》的报告，神经科学家、心理学家和教育专家在这份共同撰写的报告中解释了脑科学研究帮助教育和学习的可能性。该报告认为，随着对学习过程脑机制的了解逐步深入，神经科学在教育政策及教师培训方面会起到越来越重大的作用。对教育和脑科学进行整合，促进神经科学在教育中的应用，挑战与机遇并存。

脑科学的研究也证明了大概念的重要性，"脑处理的不是分散的信息而是概念，这些概念处在认知机制的中心"[②]。

（四）脑科学研究促进学生学习质量的提升

最新的脑科学研究发现，学习能促进大脑新的神经元的产生。这直接

---

① 唐孝威，秦金亮. 神经教育学：心智、脑与教育的集成［M］. 杭州：浙江大学出版社，2016.
② 安德烈·焦尔当. 学习的本质［M］. 杭零，译. 上海：华东师范大学出版社，2015.

针对以前认为人的脑细胞只能死亡不能再生的观点。这项研究发现，在人脑最重要的区域，会生长出新细胞。这项发现为人类学习带来了新动力。现实中的案例也在告诉我们，勤奋学习的人，大脑会越用越灵活，智慧越来越多，对社会的贡献也会不断增大。

"脑科学研究表明，大脑内产生的许多神经化学物质和荷尔蒙都会影响学生的学习，而且一些神经化学物质会受某种环境的影响，通过教师的教学策略而激活，多巴胺就是其中之一。多巴胺作为一种神经递质，在脑功能中扮演了多种角色，其中最主要的两个角色是控制有意识的运动和增强脑奖赏系统的快乐体验。多巴胺的第二个角色有益于学生的学习：它能够使学生在学习的过程中产生愉悦的情绪，增强学生学习的动机，同时也可以增强学生的记忆力和注意力。"[①]

美国加利福尼亚州立大学雷纳特·N·凯恩（Renate·N·Caine）教授及其丈夫杰弗里·凯恩（Geoffrey Caine）根据有关大脑研究的成果整理出12条与脑有关的原理，他们认为这些原理可以作为基于脑的学习理论，应用于教育上非常有助于我们突破传统的学习历练和重构新的教学概念。

威廉姆·格林纳夫（William Greenough）针对丰富环境对脑的影响进行了长达几十年的研究。他指出，对于脑发育来说，有两件事情尤为重要。对于任何一个旨在丰富学习者的脑的方案而言，首要的就是保证学习具有挑战性，包含新的信息或经验，即新异性与挑战性。其次，学习者还必须能够从互动的反馈中习得经验。挑战性很重要，但是挑战性过大或过小，都可能使学习者放弃或感到厌倦。这种挑战可以通过呈现新的事物、增加难度，或者减少提供解决问题的资源等来实现。新异性也很重要，如每两周或四周改变教室墙壁的装饰，最好是由学生自己去完成这项任务，还可以采取小组讨论、实地考察、写报告、团队合作、游戏、学生讲课、记日记等方案。

要尽可能对学习者进行反馈。因为反馈可以减少不确定性，不但使学习者的处理能力得以增强，而且能够降低其下丘脑－垂体－肾上腺（HPA）

---

① 张家军，张佳丽.基于脑科学的课堂教学设计研究［J］.教育理论与实践，2019（22）：56-59.

轴的紧张反应。脑本身非常精细，能够操纵反馈，包括内部反馈和外部反馈。大脑是自我参考的，它会根据刚完成任务的情况来做调整。好的反馈必须是具体的，而非笼统的，并且，实时的反馈对学习者的作用通常最大。

学习伙伴是建造丰富学习环境中最好的资源，但是，在传统的教育模式中，很少意识到要利用这一宝贵资源。最理想的学习小组是由不同年龄、不同地位的学习者构成的群体。合作小组明显具有两大功能：（1）当感受到自身价值或感受到被关注时，学生的脑就会分泌诱发快乐的神经传递物——内啡肽和多巴胺，这些化学物质会使大脑更乐于工作。（2）小组提供了极好的社交和学习反馈途径，学习者可以得到同伴对自己思想与行为的明确反馈。[①]

四、脑科学促进教学改进的案例分析

随着神经教育学研究的不断发展与深入，脑科学研究成果应用于教育实践的案例越来越丰富。在不同学段、不同学科都有这方面的研究成果呈现：从教育评价的视角，充分发挥多巴胺奖励效应的作用，开展激励性、发展性评价；从课程内容的视角，注意促进左右脑的协同整体发展，设计丰富的实践活动，注重探究性；从教学设计的视角，注重教学方法的多元化，注意发挥情绪联结的作用，创建积极的情绪氛围，提升学生们在真实世界中运用知识解决问题的能力，充分调动学生的学习积极性、主动性、促进学生大脑的健康发展。如下选取脑科学研究成果应用于教学实践中的经典研究案例。

（一）语文学科阅读写作方面的案例

案例一：2008 年，香港中文大学心理系博士生导师张学新带领其研究小组使用事件相关电位技术发现，中国人阅读汉字时会出现一个特殊的脑电波 N200，而西方人在阅读字母文字时则没有。N200 的存在，证实了大脑

---

① 唐孝威，秦金亮.神经教育学：心智、脑与教育的集成［M］.杭州：浙江大学出版社，2016.

对中文、英文词汇的识别有着本质不同的加工方式，特别是在中文词汇识别的早期阶段，存在一个极强的视觉加工过程，而这个过程在英文阅读中完全没有。[①]

脑电波 N200 的发现，对于小学语文教学重要的启示在于，要充分引导学生感知汉字的"视觉形态"，如果能带领学生像欣赏一幅画一样地欣赏一个字，这个字往往更容易识记和理解。南京市东山小学的汪璐璐老师在执教《鲜花和星星》这篇课文的时候，遇到了生字"朵"。它是一个象形字，于是汪璐璐老师将一朵"玫瑰"放在了"朵"字旁边，请学生比较：图和字，有什么地方像呢？学生很快发现，"木"像玫瑰的枝干，"几"像玫瑰的花朵。在视觉上进行强调，学生轻松自然地掌握了"朵"字。

案例二：北京一零一中学的严寅贤老师把脑科学研究成果应用于语文阅读教学。脑科学研究着重指出：人类无意识记忆的容量是无限的，它可以把人一生中所见所闻的全部信息完好无损地储存到人脑中去，并在一定条件下得以再现。了解脑科学原理，了解前理解学说，我们对阅读与学生语文素养之间的学理性认识就会豁然开朗，我们引领学生深度阅读、广泛阅读的内驱力就会油然而生。[②]

案例三：我国台湾阳明大学神经科学研究所教授洪兰所在的实验室用脑电图仪测量人在阅读时大脑的相关电位时发现，在极短的时间内，受试阅读者大脑中所有与阅读内容有关的讯息都会被激发活化。因此，洪兰教授认为，阅读让人更有创造力。如果想要激发整个社会的创新意识，多读书、读好书也许是一条最简单的路径。

（二）数学学科的深度学习案例

案例一：日本佛教大学教育学院的黑田恭史教授使用一种双通道的便携式近红外分光分析系统来获得脑活动数据。这个系统通过应用改进的朗伯·比尔定律来测量氧化血红素与去氧血红素的浓度和变化，抽样时间间

---

① 张学新.拼义符号：中文特有的概念表达方式［J］.科学中国人，2012（23）：34-37.

② 严寅贤.把脑科学原理引入语文阅读教育［J］.语文教学通讯（A 刊），2016（3）：22-24.

隔为一秒。依照上述实验，当被试不能自主解决问题时含氧血红素浓度增长，可以在所有尝试－未成功组的单元（i）数据中看到这一点。当含氧血红素发展显著变化时，去氧血红素发生相反的变化。与此相对应的是当被试能够自主完成问题时，含氧血红素与去氧血红素保持浓度稳定。这一点在有的尝试－成功者的单元（ii）和单元（iii）数据中得到体现。可以这样理解该结果：含氧血红素在尝试错误阶段浓度增长，进而含氧血红素和去氧血红素在被试成功解决问题时保持稳定。当含氧血红素产生显著变化时，去氧血红素发生相反的变化。可能的结论是稳定的血红素水平意味着理解。检验额叶前部皮质血红素的变化可能帮助认定学习的特征以及解释理解的过程。[①]

这个实验中，八位六年级学生作为被试，完成一定量的数学题目，仪器采集到相关数据，然后对数据进行分析。与纯粹的实验室实验不同，这一实验实现了将研究深入到数学教学现场。带给我们的启示是，对于基于大概念的教学是否可以真正改进学生的学习状态，进而促进学生核心素养的发展，也可以设计一定的测试题，选取合适年级的学生作为被试开展更具数据支持的实证研究。虽然目前在笔者视野之内，尚未发现全球范围内的相关研究成果，但是笔者认为，这是脑科学研究支持基于大概念的教学研究的重要突破口，会拥有广阔的前景。

案例二：一项研究考察了四年级和五年级学生对数学算式概念与解决等式问题的程序（比如 4+5+7=4+? ）之间关系的理解。研究者就等式的概念和程序性知识对学生们进行了检测，并把他们分成两组：一组教授等式的概念知识，一组讲授解决等式问题所需要的步骤知识。然后再进行后测，看他们是否能将所学的知识迁移到问题解决中。结果显示，学习概念知识的一组被试能很好地理解等式的概念，也能正确地运用解决等式问题的程序。而仅仅教了等式问题解决步骤的那组被试，对于等式概念有一定的理解，但仅限于将所学的程序知识迁移到新问题中。这些发现提示我们，概念性知识和程序性知识之间有因果关系，概念性知识对程序性知识的影响

---

① 黑田恭史，王立冬. 脑科学在数学教育研究中的应用［J］. 数学教育学报，2011（1）：2-4.

比后者对前者的影响更大。这项研究对数学学习的启示是：在大多数课程的学习中，教师应该首先给学生呈现数学的概念性知识，在继续教授其他任何与概念有关的解决问题的程序前，应先检查学生对这些概念的理解和掌握情况。①

案例三：传统数学学习的理论思辨往往停留在知识、认知及文化等"意识"层次，呈现一定的"不确定性"和"混沌"状态，而脑科学从"物质"角度揭示了数学学习的本质是神经元的联结和神经网络的连接。张玉孔、郎启娥等发表了文章《从连接到贯通：基于脑科学的数学深度学习与教学》，从认知、情绪和行为三个维度对数学深度学习进行了诠释，剖析了数学深度学习的脑机制。在此基础上，该文章设计了基于脑科学的数学深度学习框架，阐述了基于脑科学的深度教学观点。②

（三）英语学科的读写案例

在英语学科教学研究的重心落在课程改革与教学方式上时，关于脑科学的研究悄然崛起。西方教育发达国家以及邻国日本关于脑科学的研究方兴未艾，其中不乏关注人在语言习得过程中大脑作用发挥的机制研究。借鉴其中的一些研究成果，以使英语教学获得新的理论支撑，是一线教师应当关注并尝试的。要想让更多的学生在英语学习中充分发挥大脑的语言信息处理与记忆功能，那教师的教学方法可以在传统教学基础上做出一些改进。以下两个方法被证明是有效的：

一是提高听说读写速度的方法。基于脑科学理论，让这些技能的培养与运用"快"起来，往往有意想不到的教学效果。比如说让学生快速地"听"。许映红老师曾经尝试以正常速度的两到三倍播放教学相关的对话内容，学生一开始是不适应的，却是兴奋的。快速播放意味着学生的注意力

① 苏泽.天才脑与学习［M］.北京师范大学"认知神经科学与学习"国家重点实验室脑科学与教育应用研究中心，译.北京：中国轻工业出版社，2005.
② 张玉孔，郎启娥，胡航，陈春梅，王金素.从连接到贯通：基于脑科学的数学深度学习与教学［J］.现代教育技术，2019（10）：34-40.

要高度集中，而注意力本身就是受大脑支配的。而一两次听不懂之后，反而容易激发学生听的欲望，这实际上是动机的激发，也是受大脑支配的。这种速听训练往往强调记忆性而非理解性，实际上对学生的听觉直觉的培养很有好处。而脑科学研究则认为，速听可以让学生的大脑神经细胞排列更加紧密，也可以让神经突触被更多地激活。类似的还有快速地"读"的训练。听与读都是信息的输入，在高速度的背景下，学生的大脑处于高度活跃的状态，从而使得学生的信息加工机制高速运行。

二是非智力因素刺激法。脑科学揭示的是学习过程中大脑发挥作用的机制。研究表明，当学生的学习情感、态度等非智力因素受到刺激时，会对大脑的活跃程度产生影响。在英语教学中，可以考虑转换教学方式，让学生听的对象不仅是朗读，还可以是英语歌曲——尤其是将学习内容放到学生熟悉的曲调中去，很受学生欢迎。根据某一英语课文的结构，去寻找学生熟悉的一些歌曲，结合起来之后就可以成为学生重点关注的对象之一，这样学生就可以对学习内容进行另一思维角度的加工。事实证明，当学生学习英语课文，他们会重点研究课文的结构，而自己学唱的时候，也会重点关注一些词汇或句子，这样的精加工过程，客观上促进了学生对英语课文的理解，而这也是由非智力因素刺激下的大脑活动来支撑的；还可以让英语学习情境带有一种情绪刺激的作用，让学生处于感动、焦虑等情感的刺激下，这也能刺激学生大脑的活跃程度，从而实现英语知识系统构建的高效益。[①]

[①] 许映红. 脑科学在初中英语教学中应用的尝试［J］. 名师在线，2017（10）：35-36.

**后
记**

为本真教育而歌

笔者提出本真教育研究方向已有七个年头了。"本",宇宙万物的根,属先天性的;"真",宇宙万物生长、发展的元素,属后天性的;"本"与"真"相互作用,形成宇宙万物的兴衰。《易经》告诉我们:一切合自然的,都是正确的;不合自然的,迟早是错误的。合乎自然的就算在眼下看起来不对,但终究是对的。本真就是"合自然"的。"本真教育"就是合乎自然规律,立德树人,不忘初心,回归本源,务本向善,发展学生核心素养,让人成为世间最美存在的教育。这里的自然规律主要是指学生心理、生理发展规律与学习材料的逻辑规律。

多年来,本真教育研究团队成员秉持"本真至善、立己达人"的研究宗旨,围绕"本真德育、本真课堂、本真课程、本真研修、本真学校、本真校长、本真教师、本真学生、本真家长"等几个方面开展研究,取得了一定的研究成果。其中,"本真教育视域下学校课程体系建构与实践"荣获2018年山东省基础教育教学成果奖一等奖。还出版了《把课堂还给学生——如何构建理想课堂》《成为研究型教师的实践智慧》等四本著作,发表了320余篇文章。

本书是"本真课堂"研究的系列成果之一。我们追求的"本真课堂"

是指着眼于学生终身发展，以培养学生核心素养为目标，顺应学生心理发展与学习材料的逻辑规律，回归学习本质，以务本求真、启迪智慧、崇美向善为特征，充满智力挑战、情趣盎然、释放潜能、润泽气质、点化生命，使学生和教师生命活力得到充分展示的课堂。虽不能至，心向往之。

本书是作者主持的 2019 年度山东省基础教育教学改革重点研究项目"基于大概念的教学设计优化研究"阶段性研究成果。

课题申报时，我们齐鲁师范学院的林松柏校长给予大力支持，并殷切鼓励课题组加强对基础教育的研究力度，为学校的"职前职后一体化培训"做贡献。本课题研究得到了我校刘德增副校长、张福建副校长的大力支持和热情鼓励。

课题立项答辩时，专家组对课题研究寄予厚望，期盼早日研究出可借鉴、可推广的成果。课题组成员始终不忘专家组的殷殷嘱托。

山东省教育厅领导通过召开主持人培训会等各种方式给予大力支持。

本课题的合作研究单位是山东省泰安市教育局，课题研究基地学校有泰安市岱岳区岳峰小学、肥城市龙山小学和济南市莱芜陈毅中学等。由于研究志趣一致，不断有省内外的区域、学校跟进课题研究，为课题研究注入了新鲜活力，如北京育英学校密云分校、北京师范大学珠海分校惠州附属学校、山东省济南市长清区教育局等。

2019 年年底以来，人类遭遇了一场突如其来的疫情，课题研究因此受到了一定的冲击和阻碍。然而，主持人带领课题组成员努力克服困难，坚守研究阵地。

"基于大概念的教学设计优化"，在国内而言，是比较新的研究领域，尤其在基础教育实践层面，尚属起步阶段，可资借鉴的资料较少。外国文献资料相对多些，笔者查阅学习后，试图增强本土化转化，以利于在国内教育实践中的应用。

笔者在中国教育科学研究院访学期间，得到了李希贵校长、王春易副校长、史建筑老师、朱则光老师，以及十一学校教学与学习研究团队的指导和点拨。同时，感受到教育部课程标准修订专家组和国家级实验区的教育同仁对"基于大概念的教学设计优化研究"的热情，并向他们学习了很多。

近年来，这个教育研究热点、难点越来越受到全国范围内广大教育同仁的关注和重视。

为了回应广大干部、教师对"基于大概念的教学设计优化研究"的成果的热切期盼，经过努力，本书终于得以出版了。

衷心感谢对课题研究给予指导与鼓励的领导、专家、同事们。

衷心感谢参与研究并提供鲜活实践案例的校长、老师朋友们。

衷心感谢卢风保编辑的悉心指导，他对书稿的修改完善提出了宝贵的意见与建议。

衷心感谢我的家人。感谢父母、公婆、丈夫、儿子等对我读书、写作的大力支持，使我有着足够的精力、愉悦的心情去思考，并记录我在教育教学工作中的所思与所做。

衷心感谢所有鼓励、支持与帮助我的每一个人！

如下是我们能够继续交流沟通的渠道：

"徐洁本真教育"微信公众号 ID：xjbzjy。

邮箱：taxj6@163.com。

由于本人水平有限，恳请各位读者朋友把您的意见与建议反馈给我，以便进一步改进。欢迎分享您的教育智慧，我们会在微信公众号等媒体平台择优刊载。期待您的回应，谢谢您的参与、分享和支持！

2021 年 6 月于泉城济南